LES

CHEMINS DE FER

EN FRANCE.

LES
CHEMINS DE FER
EN FRANCE

CONSTITUTION DU RÉSEAU — EXPLOITATION — RÉSULTATS

PAR

M. C. LAVOLLÉE.

PARIS

IMPRIMERIE ET LIBRAIRIE CENTRALES DES CHEMINS DE FER

A. CHAIX ET Cie

RUE BERGÈRE, 20, PRÈS DU BOULEVARD MONTMARTRE.

1866

TABLE DES MATIÈRES

AVANT-PROPOS

Ce travail sur les chemins de fer a déjà paru dans la *Revue des Deux Mondes* (numéro du 1er janvier 1866).

M. Jacqmin, ingénieur des ponts et chaussées, directeur de l'exploitation des chemins de fer de l'Est, a bien voulu nous autoriser à reproduire trois mémoires relatifs aux transports qui intéressent particulièrement l'agriculture (céréales, engrais, bestiaux, etc.). Ces documents, qui démontrent l'influence exercée par les chemins de fer sur la condition de l'agriculture, méritent d'être lus avec attention. On les trouvera parmi les Annexes, où figurent également divers extraits de discours et de documents officiels qui concernent les questions les plus controversées au point de vue de l'exploitation des chemins de fer.

LES
CHEMINS DE FER
EN FRANCE.

Les chemins de fer peuvent être considérés comme l'œuvre la plus importante de notre siècle. Le rôle qu'ils remplissent dans la société moderne est immense et universel; relations individuelles et internationales, commerce, industrie, finances, tout ce qui intéresse le bien-être, la prospérité, la grandeur des peuples, se rattache aujourd'hui à l'établissement de ces étroites bandes de métal sur lesquelles la vapeur fait glisser la locomotive remorquant les wagons. C'est l'instrument le plus utile qu'ait inventé jusqu'ici le génie de l'homme. Les premières voies ferrées datent de quarante ans à peine (1), et déjà les rails sillonnent toutes les parties du monde. Chaque année, le réseau primitif s'étend et se

---

(1) On fait remonter à 1767 l'emploi en Angleterre de rails en fonte pour faciliter la traction, mais ces rails ne servaient que pour les transports de houilles. Le premier chemin de fer qui ait été construit pour transporter à la fois les personnes et les marchandises est celui de Stockton à Darlington, concédé en 1821 et ouvert en 1825. — En France, le premier chemin de fer est celui de Saint-Étienne à Andrézieux, concédé en 1823 et ouvert en 1828.

prolonge vers de nouvelles régions. En même temps que l'Europe et les États-Unis multiplient les lignes de chemins de fer, l'Asie et l'Afrique se mettent à l'œuvre. A en juger par ce que nous voyons, quels seront à la fin du siècle les effets de cet engin merveilleux dont la découverte est due à notre génération? Nul ne saurait le prédire; tant la perspective est vaste et défie tous les calculs !

Mais ce que l'on peut essayer plus sûrement et avec profit, c'est l'étude des résultats obtenus et des moyens par lesquels les chemins de fer ont franchi la première période de création pour arriver à leur développement actuel. De même que, dans une grande usine, le chef d'industrie qui a augmenté ou transformé son outillage doit, à certains jours, se rendre compte des avantages et des économies que lui a procurés l'emploi d'instruments nouveaux, de même il semble que le temps est venu d'examiner ce qu'ont produit les chemins de fer et de mesurer, autant que cela est possible, les services qu'ils ont déjà rendus dans l'organisation de ce grand atelier qui s'appelle la société. Nous voudrions dresser ainsi l'inventaire des chemins de fer pour ce qui concerne la France. Laissant de côté les questions techniques (1) et les combinaisons financières, nous nous appliquerons à étudier les problèmes et les faits économiques qui naissent de l'existence des voies ferrées: problèmes difficiles qui, après de longs débats, ne sont pas encore résolus par la science ni par la législation: faits multiples et divers, qui nous entourent pour ainsi dire et nous pressent de toutes parts, et auxquels nous

---

1 L'exploitation technique des chemins de fer a fait l'objet de nombreuses publications. Les ingénieurs les plus éminents, MM. Perdonnet, Flachat, etc., ont pris part à cette étude. Nous devons également signaler l'article *Chemins de fer*, publié par M. Elph. Baude, ingénieur des ponts et chaussées, dans la nouvelle édition du *Dictionnaire des Arts et Manufactures*, de M. Ch. Laboulaye. Cet article résume, avec tous les détails désirables et sous une forme très-claire, les progrès réalisés dans l'art de la construction et dans le mécanisme de l'exploitation.

ne prenons pas garde, parce qu'ils nous sont devenus habituels et familiers. En outre, s'il paraît utile d'examiner, ne serait-ce que pour ordre, le bilan des chemins de fer, il n'importe pas moins de vérifier les critiques nombreuses qui s'attaquent à l'exploitation de ce mode de transport.

On ne doit point se dissimuler que depuis quelque temps il existe dans certaines régions du public une sorte de mauvais vouloir contre les Compagnies qui administrent les chemins de fer. Ce sentiment d'opposition, qu'éveille tout ce qui paraît puissant, se manifeste dans les assemblées législatives, dans la presse, au sein des chambres de commerce, dans la masse du public, à ce point que le gouvernement, arbitre de tous les intérêts, a cru devoir ouvrir des enquêtes et mettre en face l'accusation et la défense. Les critiques sont-elles reconnues fondées? Les procédés à l'aide desquels ont été établis les chemins de fer sont-ils condamnables? Il faut y pourvoir sans retard et tirer des erreurs du passé un enseignement utile pour l'achèvement du réseau. Mais si les accusations sont fausses ou exagérées, si les procédés adoptés se justifient par l'expérience, il convient de le démontrer et de le proclamer bien haut; car, pour un travail aussi vaste, il est essentiel que les situations soient nettes, et que les entreprises de chemins de fer comme le public sachent décidément à quoi s'en tenir sur les conditions que l'avenir leur réserve. Ce sont là des questions délicates qui veulent être traitées sans passion et qui, par leur importance, par l'universalité des intérêts qu'elles engagent, par leur influence sur la société tout entière, provoquent les plus sérieuses études de la science économique.

Nous nous proposons d'examiner successivement les principes qui ont présidé à la construction du réseau, le régime de l'exploitation pour le transport des voyageurs et des marchandises, et les résultats économiques, politiques et sociaux qu'il est permis d'attribuer à l'extension des chemins de fer.

Pour ce qui concerne l'exploitation, nous aurons nécessairement à établir de fréquentes comparaisons entre les règlements qui existent en Angleterre et ceux qui sont appliqués en France. On invoque sans cesse dans cette question l'exemple de l'Angleterre; il n'est donc pas sans intérêt de se rendre exactement compte des différences que signale le parallèle entre les deux pays et d'apprécier les motifs de ces différences.

I

CONSTITUTION DU RÉSEAU.

Comment est-on arrivé à préférer l'action de l'industrie privée à celle de l'État pour l'établissement du réseau français ? Dans quel intérêt les concessions de chemins de fer ont-elles été peu à peu revisées et concentrées entre les mains d'un petit nombre de Compagnies ? Quel est le caractère de ces concessions ? — Tels sont les trois points qu'il importe d'éclaircir tout d'abord.

Lorsque, en 1837, le gouvernement français se décida à aborder le problème des chemins de fer, il avait sous les yeux l'exemple de la Grande-Bretagne, où tout était laissé à l'initiative de l'industrie privée, et l'exemple de la Belgique, où l'État s'était réservé la construction et l'exploitation.

L'industrie particulière pouvait-elle obtenir, en France, les capitaux et le crédit suffisants pour entreprendre l'œuvre immense qu'elle poursuivait en Angleterre avec tant d'énergie ? Bien que les projets et les demandes de concessions ne fissent pas défaut, cela paraissait douteux. En même temps on se demandait s'il serait prudent de livrer à l'industrie particulière la propriété et l'usage d'un nouveau moyen de transport qui était considéré comme un instrument de la puissance publique. Imbu de ses anciennes doctrines en matière de centralisation et secondé par les défiances d'un parti soi-disant démocratique, qui voyait dans les futures associations de capitalistes la création d'une aristocratie financière, le gouvernement pouvait croire qu'il était non-seulement de son droit et de son intérêt, mais encore de son devoir, de se charger de l'entreprise des voies ferrées, et il inclinait vers l'exemple de la Belgique. D'un autre côté, ce qui avait été exécuté en Belgique était-il praticable en France, sur un territoire beaucoup plus étendu et dans des proportions nécessairement beaucoup plus larges ? C'était par centaines de millions qu'il fallait compter pour se mettre sérieusement à l'œuvre, et après avoir objecté l'insuffisance des ressources dont pouvait disposer l'industrie privée, on arrivait à reconnaître que le fardeau serait également très-lourd pour le Trésor. Bien que l'on fût loin de soupçonner alors l'immense développement que prendraient dans l'avenir les voies ferrées, les esprits les plus réservés prévoyaient que les premiers millions dépensés ne tarderaient pas à en appeler d'autres, que le réseau primitif s'étendrait plus ou moins vite, qu'il y aurait des besoins impérieux, des exigences irrésistibles, et qu'un jour viendrait où le Trésor lui-même serait obligé de se déclarer impuissant. Et si l'on adoptait le système de l'exécution par l'État, par quelle ligne allait-on entamer le réseau ? Comment satisfaire à toutes les demandes, à toutes les impatiences ? Comment se défendre contre les rivalités et les jalousies qui devaient infailliblement se produire entre les différentes régions ?

Nous n'avons pas à retracer ici l'historique des discussions et des incidents qui précédèrent l'enfantement si laborieux des chemins de fer en France. Disons seulement qu'après une longue lutte on s'arrêta au système mixte qui fut consacré par la loi de 1842. L'État supportait une part des frais d'établissement ; l'industrie particulière devait achever la construction, fournir le matériel, et elle obtenait, en échange, le droit d'exploitation pendant un certain nombre d'années. Ce n'était point le système anglais, puisque l'État, participant aux dépenses de construction, demeurait nu propriétaire des voies ferrées, et que, pour l'exploitation, il se réservait la faculté de résilier le bail passé avec les Compagnies. Ce n'était pas non plus le système belge, puisque l'État appelait, pour la construction, le concours de l'industrie particulière et qu'il concédait à celle-ci le droit d'exploitation. C'était un système nouveau dont le mécanisme réalisait une transaction entre les deux modes contraires qui avaient été adoptés en Angleterre et en Belgique (1).

A la fin de 1841, le nombre de kilomètres exploités en France était de 569, ayant coûté 165 millions, tandis que l'ensemble du réseau européen comptait en exploitation 9,281 kilomètres. Ces chiffres indiquent à quel point la France se trouvait en arrière de la Grande-Bretagne et des principales nations du continent. La loi de 1842 donna l'impulsion : six ans après, en 1848, il y avait en exploitation, sur le réseau français, 2,222 kilomètres ayant coûté 797 millions, soit 110 millions dépensés par l'État et 687 millions par les Compagnies. L'industrie privée fournissait ainsi l'éclatante démonstration de ses forces. Elle pouvait revendiquer la plus grande part de l'œuvre accomplie : l'État n'était en quelque sorte que son auxiliaire et il ne l'assistait que dans une proportion très-restreinte.

Survint la révolution de 1848, qui tarit momentanément toutes les sources du crédit. Les capitaux se cachaient, le Trésor était vide, et il fallait recourir à des taxes extraordinaires pour assurer les services publics. Certes l'heure était mal choisie pour imposer à l'État les dépenses de la construction et la responsabilité de l'exploitation des chemins de fer. Le gouvernement de 1848 en eut cependant la pensée.

---

(1) L'historique des débats relatifs au régime des concessions a été exposé avec une grande clarté par M. A. Audiganne dans l'ouvrage remarquable qu'il a publié sous ce titre : *les Chemins de fer aujourd'hui et dans cent ans.* 2 vol. in-8°. 1858-1862. (Capelle, éditeur.

qui ne put aller au-delà de la préparation d'un projet de loi. Avec quels fonds, sous quelle forme acceptable l'État aurait-il racheté les concessions et remboursé les dépenses déjà faites ? Comment aurait-il continué le réseau ? Les Compagnies sur lesquelles venait de peser par surcroît la menace de cette expropriation onéreuse autant qu'illégitime, se voyaient elles-mêmes réduites à l'impuissance : elles subissaient les effets de la crise qui paralysait toutes les affaires, et elles n'avaient plus le crédit nécessaire pour exécuter leurs engagements. De 1848 à 1851, il n'y eut pas de concessions nouvelles ; les travaux sur les lignes concédées étaient sensiblement ralentis, et, pendant que les autres nations continuaient à multiplier les voies ferrées sur leurs territoires, le développement du réseau français semblait indéfiniment ajourné.

Le gouvernement issu du 2 décembre avait donc un grand devoir à remplir, et ce devoir s'accordait avec son intérêt, car il lui importait essentiellement non-seulement de reprendre l'œuvre interrompue par la république, mais encore de dépasser les progrès réalisés ou promis sous la monarchie constitutionnelle. Au surplus, la question des chemins de fer s'imposait d'elle-même et avant toute autre à la sollicitude du pouvoir nouveau ; elle tenait le premier rang dans les préoccupations ardentes du public, et il est permis de dire sans exagération qu'elle était alors, pour le gouvernement comme pour le pays, la question vitale. Toutefois, après le temps d'arrêt subi depuis 1848, elle rencontrait les plus graves difficultés. D'une part, il n'était point possible de mettre les dépenses de construction à la charge du Trésor, qui ne se trouvait même pas en mesure d'achever les travaux laissés à son compte par les contrats de 1842 ; d'un autre côté, puisque l'on devait avoir recours à l'industrie privée, il fallait procurer à celle-ci les moyens d'attirer les capitaux, et de les obtenir à des conditions convenables.

Ce fut en augmentant la durée des concessions que l'on

réussit à résoudre le problème. Avec un long avenir devant elles, les Compagnies pouvaient se reconstituer et s'étendre, parce que les capitaux voyaient ainsi s'accroître les chances favorables de rémunération; elles pouvaient emprunter à des conditions plus avantageuses, parce que l'éloignement du terme assigné pour le remboursement diminuait les charges annuelles des emprunts. En donnant du temps aux Compagnies, dont les concessions étaient portées à quatre-vingt-dix-neuf ans, l'État leur donnait de l'argent sans bourse délier, et jamais peut-être le proverbe anglais ne se vérifia d'une façon plus évidente, car au moyen de cette monnaie prélevée sur l'avenir, le gouvernement obtint du même coup la certitude que les chemins de fer antérieurement concédés seraient construits, la décharge à peu près complète des engagements qu'il avait contractés pour la construction partielle du réseau primitif, et enfin l'augmentation notable de ce réseau, par suite des lignes nouvelles que les Compagnies devaient établir. En 1851, le nombre des kilomètres concédés était de 4,969 ; dès 1852, il s'éleva à 6.914 pour atteindre, en 1855, le chiffre de 11.495. — Tels furent les motifs et les résultats des combinaisons consacrées par la législation de 1852.

Cet accroissement du réseau était loin de suffire aux demandes qui se produisaient chaque jour, et qui se montraient d'autant plus ardentes que chaque jour aussi les avantages procurés par l'établissement des chemins de fer étaient plus sensibles pour les régions traversées. Le gouvernement pouvait favoriser la formation de nouvelles Compagnies : mais ce procédé, qui à première vue semblait le plus simple, donnait prise à de sérieuses objections. Les Compagnies nouvelles qui étaient prêtes à s'organiser comprenaient dans leurs demandes de concessions un certain nombre de lignes qui, sur une portion de leur parcours, auraient fait double

emploi avec les lignes existantes, et dont la concurrence
aurait compromis les anciennes Compagnies ; or, après avoir
reconnu la nécessité de soutenir les capitaux déjà engagés
dans les chemins de fer, il était évidemment illogique de les
menacer d'une concurrence qui aurait tout remis en question. D'ailleurs, à supposer que les Compagnies nouvelles,
si empressées à profiter de la faveur qui était revenue aux
entreprises de voies ferrées, fussent réellement en mesure
d'exécuter les concessions qu'elles sollicitaient, il y avait à
craindre que les appels de fonds, multipliés et simultanés,
ne portassent le trouble dans les affaires, en causant un
grave préjudice non-seulement au crédit des Compagnies,
mais encore au crédit de l'État. En outre, les concessions
demandées ne complétaient point le réseau général tel que le
gouvernement l'avait conçu dans l'intérêt de toutes les parties du territoire : certaines régions auraient possédé plusieurs
lignes, tandis que d'autres fussent demeurées complétement
dépourvues de chemins de fer, parce que l'insuffisance pré-
sumée de leur trafic n'était point de nature à tenter les
capitaux privés. Enfin, depuis que les premières branches
du réseau commençaient à être exploitées, le public et l'État
observaient les inconvénients que présentait pour le service
la multiplicité des Compagnies : voyageurs et marchandises
avaient à subir des embarras, des retards, des suppléments
de prix, lorsque, pour faire un trajet quelque peu prolongé
dans une même direction, ils devaient être transbordés d'une
ligne sur l'autre, sans compter l'augmentation de frais généraux que cette dissémination de forces entraînait pour les
Compagnies, obligées d'avoir un personnel plus nombreux,
un matériel plus considérable, des comptabilités distinctes, etc. Par ces divers motifs, le gouvernement jugea qu'il
convenait de ne point recourir à des Compagnies nouvelles,
et il s'appliqua, au contraire, à réduire le nombre des Compagnies existantes. De là le système des *fusions*, qui reçut
en 1857 son application décisive, et qui eut pour résultat

de réunir entre les mains de six grandes Compagnies la presque totalité du réseau français.

Mais si l'on préservait les Compagnies des périls de la concurrence, on exigeait d'elles l'engagement d'entreprendre de nouvelles lignes, et l'on portait à plus de 16,000 kilomètres l'étendue des concessions : c'était, en deux ans, une augmentation de 5,000 kilomètres dont se chargeaient les Compagnies, en échange de la sécurité qui leur était donnée. En même temps, les travaux de construction marchaient avec activité : il y avait, à la fin de 1857, 7,453 kilomètres en exploitation, soit près de 2,000 kilomètres de dlus qu'en 1855. Cependant, malgré ses efforts et ses progrès, la France demeurait encore de beaucoup en arrière de la Grande-Bretagne, où l'on comptait, à la même date, 20,000 kilomètres concédés, et 14,000 exploités.

Il était donc urgent d'aviser. Malheureusement, après avoir déjà dépensé 3 milliards pour les chemins de fer et en face d'engagements qui s'élevaient au moins à pareille somme, on se trouvait arrivé au point où il était plus facile de décréter un nouveau réseau que de le construire. Il devenait évident que les Compagnies, même avec les ressources qu'elles puisaient dans les concessions quasi-séculaires, dans l'appui moral de l'État, et dans le système de fusion qui avait écarté les concurrences en améliorant, pour elles comme pour le public, les conditions de l'exploitation, n'obtiendraient point le crédit nécessaire pour mener à bonne fin l'œuvre vraiment gigantesque de l'achèvement du réseau. D'un autre côté, le fardeau qui menaçait d'écraser les Compagnies n'aurait pas été davantage supporté par le Trésor.

Ce que ni les Compagnies ni l'État n'auraient pu faire isolément, on le tenta en combinant leurs forces et leur crédit par le système de la *garantie d'intérêt*, système qui avait été partiellement essayé au début des chemins de fer, et qui fut généralement appliqué en vertu des conventions de 1859,

revisées et complétées en 1863. D'après ce mode, l'État a
garanti aux Compagnies l'amortissement et un minimum d'intérêt pendant cinquante ans pour le capital destiné à l'établissement des lignes comprises dans le nouveau réseau, et
pour prix de cette garantie dont nous ne nous arrêterons pas
à détailler le mécanisme assez complexe, il a pu tout à la fois
hâter la construction des lignes décrétées antérieurement,
rendre définitives des concessions qui n'avaient d'abord qu'un
caractère éventuel, et prescrire l'exécution de chemins de fer
nouveaux dans des régions qui, selon toute apparence, auraient attendu indéfiniment le passage d'une locomotive sur
des rails. Grâce à ces mesures, l'ensemble des concessions
comprenait (au 1ᵉʳ janvier 1866) un parcours de 21,000 kilomètres, et il y a en exploitation 13,570 kilomètres, c'est-à-
dire que depuis 1857 le réseau concédé s'est agrandi de
5,500 kilomètres, et le réseau exploité, de 6,500. Si l'on tient
compte des crises qui durant cette période ont à diverses reprises frappé le crédit, on doit reconnaître que ce résultat est
très-considérable. Il a été dépensé jusqu'ici une somme de
6 milliards 624 millions, à laquelle l'État a contribué pour
984 millions seulement, le surplus ayant été fourni par les
Compagnies, et il reste à dépenser, pour l'exécution des lignes
présentement concédées, 2 milliards 385 millions, soit
485 millions par l'État et 1 milliard 900 millions par les Compagnies. En résumé, dans la dépense totale de 9 milliards
9 millions que coûteront les 21,000 kilomètres formant le
réseau actuel, l'État n'aura eu à payer directement que
1 milliard 469 millions; si l'on estime à 400 millions le capital qui représente la garantie d'intérêt stipulée par les conventions de 1859 et de 1863 (1), on voit que la contribution
de l'État pour l'établissement du réseau n'atteindra pas

---

1 milliard 900 millions, tandis que les Compagnies auront dépensé plus de 7 milliards (1).

Il suffit d'énoncer cette somme de milliards pour montrer que l'État n'aurait pu sans péril l'ajouter au capital de la dette publique et qu'il a sagement fait de livrer à l'industrie privée l'exécution du réseau. Il résulte également de l'exposé qui précède que les mesures successivement prises à l'égard des Compagnies, — subventions directes, prolongation des concessions, suppression des concurrences au moyen de la concentration des entreprises, garantie d'un minimum d'intérêt sur une portion du capital, — n'avaient qu'un seul et unique objet, à savoir : la construction prompte et ordonnée des chemins de fer, suivant un plan d'ensemble dont le gouvernement avait tracé, dès l'origine, les grandes lignes et qu'il développait à l'aide d'embranchements destinés à rayonner sur toutes les parties du territoire. Sans doute chacune des mesures que nous venons d'énumérer constituait un avantage accordé aux Compagnies ; mais celles-ci ne recevaient cet avantage qu'à la condition de construire toujours et toujours des chemins de fer, aux termes d'engagements nouveaux qui risquaient d'épuiser leurs ressources de capital ainsi que leur crédit et d'amoindrir les bénéfices de l'exploitation. L'État

---

latif (séance du 27 juin 1865). Voici comment s'est exprimé M. de Franqueville :

« A quel chiffre s'élèveront les annuités successivement payées par l'État ? Ce chiffre total est de 568 millions ; mettons même 600 millions. Mais remarquez qu'ici nous additionnons des sommes qui ne sont pas comparables, puisqu'elles sont payables à des époques très-différentes. Si donc vous voulez savoir ce que vaut aujourd'hui ce capital, il faut le ramener à sa valeur actuelle, comme on devrait le faire, si, au lieu d'une garantie d'intérêt, on voulait donner aux compagnies une subvention équivalente. Combien devrait-on donner pour représenter cette garantie ? Je trouve que les termes successifs, ramenés à leur valeur actuelle, produiraient 388 millions, soit 400 millions en nombre rond. »

1) Ces chiffres sont extraits de l'*Exposé de la situation de l'Empire*, présenté aux chambres à l'ouverture de la session de 1866.

n'était libéral envers les Compagnies que pour exiger beaucoup d'elles, dans l'intérêt public ; ce qu'il leur donnait en concours matériel ou moral devait être immédiatement employé au profit du réseau ; à chaque concession correspondait une charge, et plus d'une fois, après la signature de ces contrats, dans lesquels la responsabilité pécuniaire du Trésor était soigneusement limitée, le gouvernement se voyait forcé de reconnaître ou qu'il n'avait pas assez accordé ou qu'il avait demandé trop. Tel fut le système dont il convient de suivre exactement les combinaisons successives, si l'on veut se rendre bien compte du rôle des Compagnies, de leurs engagements envers l'État comme envers le public, de l'intention et du caractère des actes qui ont organisé en France les chemins de fer.

Ce système est-il conforme aux règles de l'économie politique ? Ne pourrait-on pas y relever une dérogation aux principes, en ce sens qu'il entraîne l'intervention constante de l'État dans les opérations de l'industrie privée, maintient entre deux intérêts qui devraient demeurer distincts une confusion plus ou moins arbitraire, et restreint pour les transports le champ de la concurrence ? Ces objections seraient très-graves, s'il s'agissait de résoudre un problème scientifique ; mais ici toute la question est de savoir si, pour créer et développer les voies ferrées sur notre territoire, la science pure fournissait des moyens plus énergiques et plus prompts que ceux qui ont été employés.

Or il n'est point téméraire de penser que, sous le régime de liberté absolue, recommandé par la doctrine, l'industrie particulière, indépendante de l'État, livrée à ses seules ressources, menacée par la concurrence, n'aurait point été en mesure de construire les 13,500 kilomètres exploités aujourd'hui, et l'on peut affirmer à coup sûr que ses efforts se seraient portés sur les grandes lignes, sur quelques tronçons privilégiés, au lieu de réaliser le plan d'ensemble qui établit une communication non interrompue entre les différentes régions du pays et consacre pour ainsi dire l'égalité en matière de chemins de fer. Cette dernière considération est très-essentielle; elle explique et justifie l'intervention de l'État dans l'accomplissement d'une œuvre qui exigeait tout à la fois une grande célérité et l'équitable répartition des moyens de transport.

Il nous reste à déterminer le caractère des concessions exploitées par les Compagnies de chemins de fer. Nous entendons dire chaque jour que ces entreprises sont en possession d'un *monopole* dont elles usent et abusent à leur gré; que le public leur a été sacrifié, taillable et corvéable à merci; que, sous le régime actuel, toute amélioration, tout progrès est entravé dans cette grande industrie des transports qui exerce une influence si décisive sur la prospérité générale. Ce sont là des exagérations évidentes que n'acceptent point les esprits sérieux; mais telle est la puissance des mots, que cette seule expression de monopole appliquée aux entreprises de chemins de fer suffit pour égarer la discussion et pousse le raisonnement à des conséquences non moins préjudiciables pour l'intérêt public que pour l'intérêt des Compagnies.

Quel était le point de départ? Il fallait créer des voies ferrées, les créer vite et en grand nombre, et dès lors il était indispensable d'offrir aux capitaux des conditions qui pussent les attirer vers ce nouvel emploi. Les capitaux seraient-ils venus, si l'État ne leur avait garanti la sécurité qu'ils exigeaient? Pour critiquer avec quelque autorité le système qui a été suivi, on aurait à prouver que les conditions accordées au capital étaient ou inutiles ou excessives, et l'on devrait surtout indiquer par quel autre mode on serait parvenu à doter la France du réseau de chemins de fer qu'elle possède aujourd'hui. Cette démonstration, plus difficile que la critique, n'a point été faite, et elle se trouve invinciblement réfutée par l'attitude même du capital, qui, malgré les priviléges et les avantages qui lui ont été attribués pour l'exécution des chemins de fer, a manifesté des défiances et des défaillances que l'on a dû rassurer et relever presque à chaque étape au moyen de garanties nouvelles. Ce n'est point arbitrairement, c'est en vertu de la loi économique de l'offre et de la demande que l'État s'est vu amené à stipuler des conditions qui étaient commandées aussi bien par l'intérêt et l'urgence de l'entreprise que par le tempérament du capital et la situation du marché financier. Dès lors, quand même on aurait été réduit à consacrer par la loi le régime déplaisant qui s'appelle le monopole, on serait mal venu à s'en indigner alors que l'on profite si largement des travaux accomplis sous ce régime.

Mais, en vérité, s'agit-il ici d'un monopole? L'État demeure nu propriétaire des voies ferrées, dont les concessionnaires n'ont que l'usufruit pendant une période déterminée; il s'est réservé la faculté de racheter les concessions; il n'a pris aucun engagement qui l'empêche formellement de construire ou de laisser construire d'autres voies ferrées qui pourraient faire une concurrence directe ou indirecte à celles qui existent; il a édicté un maximum de tarif pour chaque catégorie de transports; il exerce sur les entreprises un contrôle incessant. Si les Compagnies ont besoin de recourir au crédit, l'État limite leurs demandes, afin que le marché financier n'en soit pas affecté : toute mesure intéressant le public doit être homologuée par le gouvernement; enfin, tandis que les compagnies demeurent seules passibles des pertes de l'exploitation, l'État, à une période qui n'est pas éloignée, aura le droit de partager les bénéfices qui excéderont un certain taux. Voilà en quoi consiste le monopole accordé aux concessionnaires de chemins de fer! Il faut convenir qu'un tel monopole serait au moins très-inoffensif.

Quel est donc, au vrai, le caractère des concessions au moyen desquelles ont été construites et sont exploitées les voies ferrées? Il y a là tout simplement une série de con-

trats qui ont été débattus de part et d'autre, que le gouvernement a acceptés, qu'il a même quelquefois imposés, contrats dont chacun a toujours le droit d'apprécier les clauses,
soit au point de vue des principes, soit au point de vue des
résultats, mais qu'il n'est plus permis, en bonne justice, de
reprocher aux concessionnaires, c'est-à-dire aux capitaux qui
se sont engagés à les exécuter, avec les garanties comme
avec les restrictions qu'ils contiennent. Et quel est de fait le
rôle actuel d'une Compagnie de chemin de fer, sinon celui
d'une grande régie qui exécute un service public à ses risques, périls et profits, sous la surveillance permanente de
l'État? Ajoutons que cette Compagnie, purement usufrui-
tière de la chose qu'elle a créée, est tenue de l'entretenir pour
la livrer un jour à l'État et l'ajouter ainsi à la fortune publique. De là au monopole il y a loin.

Certes, il eût mieux valu, pour l'honneur des principes,
que l'on n'eût pas été obligé d'employer ces expédients
compliqués et contestés pour exécuter le réseau des chemins
de fer, et que ce réseau fût sorti tout entier de l'initiative
et des ressources de la liberté. Cependant il eût fallu d'abord
convertir le capital ; or le capital, qui a par-dessus tout l'ins-
tinct de la conservation, se soucie médiocrement des principes et ne considère que l'intérêt. C'est donc comme une
question pratique de capital et d'intérêt, et non comme une
question de principe, qu'il faut envisager la grande affaire
des voies ferrées, sans se laisser attarder par des regrets ré-
trospectifs ni par des considérations théoriques qui ne peuvent
rien sur le passé et qui risqueraient de retarder l'achèvement de l'œuvre. Contre ces critiques, vaines ou dangereuses,
le gouvernement et les Compagnies se défendent éloquem-
ment en montrant ce qu'ils ont accompli de concert, et,
sauf quelques incertitudes, quelques erreurs de détail, que
l'expérience a révélées dans les premiers essais, nous n'a-
percevons pas qu'il eût été possible d'employer, pour l'établissement des 13,500 kilomètres aujourd'hui livrés à la cir-

culation, un système plus expéditif que celui qui a été adopté.

Nous pouvons maintenant, après avoir tracé l'historique et le caractère des concessions, aborder l'étude et apprécier les résultats de l'exploitation des chemins de fer.

II

RÉGIME DE L'EXPLOITATION.

Les chemins de fer français ont transporté, en 1864, 75 millions de voyageurs et 50 millions de tonnes de marchandises (1). On peut estimer que les transports de 1865 ont été de 80 millions de voyageurs et de 55 millions de tonnes. Le tarif kilométrique, qui est, en moyenne, de 5 centimes 1/2 par voyageur et de 6 centimes 1/2 par tonne de marchandise, réalise une réduction de moitié, souvent même des deux tiers, sur l'ancien tarif des transports par terre. La concurrence des chemins de fer a amené une baisse très-sensible des tarifs antérieurement appliqués sur les routes, sur les fleuves et canaux et pour le cabotage. Il faut remarquer de plus que les transports sur les routes ordinaires sont demeurés aussi actifs qu'il l'étaient avant l'établissement des voies ferrées et que les transports par les voies navigables ont augmenté.

On a essayé de chiffrer l'économie que les chemins de fer ont procurée, directement ou indirectement, pour le transport des voyageurs et des marchandises. Il est permis de l'évaluer dès à présent à 800 millions, c'est-à-dire que si les

----

(1) Le parcours moyen d'un voyageur est de 40 kilomètres, et celui d'une tonne de marchandises de 140 kilomètres environ, de telle sorte que le nombre de voyageurs kilométriques (c'est-à-dire transportés à un kilomètre) a été en 1864 de 3 milliards, et celui des tonnes kilométriques, de 4 milliards.

chemins de fer n'avaient pas existé, les transports effectués en 1864 auraient coûté, avec les anciens modes, 800 millions de plus. L'économie qui s'accroît d'année en année serait déjà énorme et représenterait un intérêt très-élevé du capital de plus de 6 milliards 1/2, consacré jusqu'ici à la construction des chemins de fer; mais là ne se borne pas le bénéfice. Sans les voies ferrées, ces immenses opérations de transport eussent été impossibles, et nous n'aurions pas vu l'essor prodigieux qu'ont pris toutes les branches de travail. En développant la circulation, en la créant sur certains points, les chemins de fer ont développé au plus haut degré l'industrie elle-même, en même temps qu'ils ont pourvu, dans la plus large mesure, aux besoins de la consommation (1).

Personne, au surplus, ne conteste ces avantages. La supériorité des chemins de fer est tellement manifeste que chacun veut avoir à sa portée ces merveilleux instruments de la circulation ; mais précisément à raison de l'importance extrême que l'on attache aux chemins de fer, on se demande si le régime actuel de l'exploitation est le plus favorable pour l'intérêt public, si l'administration des Compagnies concessionnaires est intelligente et habile, si le contrôle de l'État se montre utile et efficace ; — en un mot, si le pays retire des voies ferrées tout le bénéfice qu'il est possible d'en retirer. Les critiques et les conseils abondent. Sans méconnaître les résultats acquis, on veut obtenir mieux encore. Les uns réclament des réformes destinées à améliorer tel ou tel des

---

(1) D'après M. Eugène Flachat, opérant ses calculs sur les chiffres de 1861, « les chemins de fer font gagner, au minimum, à la production du pays, sur les transports de marchandises et de voyageurs, une somme annuelle de plus d'un milliard. En d'autres termes, il faudrait aujourd'hui dépenser 1 milliard 425 millions de francs pour effectuer sur les routes de terre les transports que les chemins de fer ont accomplis en 1861 pour 460 millions. Cela signifie simplement que, sans les chemins de fer, ces transports ne seraient pas nés. » (*Les Chemins de fer en 1862 et 1863*, page 4.)

mille détails qui dépendent de l'exploitation : les autres veulent une révolution radicale, qui supprimerait les compagnies et ferait passer les chemins de fer dans les attributions de l'État. Le champ de cette discussion est vraiment sans limites, et l'on risquerait de s'y égarer s'il fallait en sonder tous les replis. Il vaut mieux s'en tenir aux points culminants, se borner aux questions simples et apprécier ce que l'organisation présente des chemins de fer donne au public au double point de vue de la célérité et de l'économie des transports.

Cette étude est facilitée par les travaux d'une commission d'enquête qui a été chargée, en 1861 et 1862, de recueillir les plaintes et les observations du public, d'entendre les explications des Compagnies et de présenter ses conclusions. Le rapport de la commission contient tous les éléments d'une appréciation équitable; malheureusement il n'a reçu que la publicité restreinte que comportent les in-quarto officiels, et, s'il a éclairé le gouvernement, il n'a point pénétré assez avant dans l'opinion publique pour dissiper les erreurs, ni pour désarmer les injustes critiques, ni même pour encourager les vœux raisonnables que provoque l'exploitation des voies ferrées (1).

Occupons-nous d'abord des voyageurs.

La vitesse des anciennes diligences était de 10 kilomètres à l'heure; la vitesse moyenne, pour les chemins de fer, étant de 40 kilomètres, il en résulte que les 75 millions de voya-

---

(1) *Enquête sur l'exploitation et la construction des chemins de fer*, publiée en 1863. Cette enquête, organisée par M. Rouher, ministre des travaux publics (arrêté du 5 novembre 1861), fut confiée à une commission, dont les travaux furent dirigés par le ministre et par M. Michel Chevalier, vice-président. Le rapport de la commission, en date du 1er mai 1863, est signé par M. Michel Chevalier et par M. Adolphe Moreau, maître des requêtes au conseil d'État, rapporteur.

geurs ayant parcouru, en 1864, 3 milliards de kilomètres
sur tout le réseau ont économisé 225 millions d'heures. Ce
détail statistique, que nous empruntons à M. Perdonnet (1),
traduit en effet d'une manière saisissante le bénéfice que
procurent les chemins de fer en ce qui concerne la vitesse,
et cet avantage, dont tous profitent, est plus marqué encore
pour les voyageurs aisés qui prennent les trains rapides. On
ne s'arrête point cependant à cette comparaison rétrospec-
tive, et l'on demande une accélération générale, tant pour
les trains *express* que pour les autres, en même temps que
l'augmentation du nombre des trains; on indique, à l'appui
de ces demandes, l'exemple de l'Angleterre.

La vitesse moyenne des trains-express anglais est de 60 kilomètres à l'heure, et celle des trains spéciaux qui transportent les malles atteint, dans certains cas, 70 kilomètres;
les trains ordinaires parcourent de 40 à 45, quelquefois même
50 kilomètres à l'heure. En France, si quelques trains-express,
notamment les trains de marée, sont aussi rapides qu'en Angleterre, la vitesse moyenne des express ne dépasse guère
50 kilomètres, et pour les trains ordinaires elle varie de 30
à 45 kilomètres. La différence quant à la vitesse des transports des voyageurs serait donc assez sensible.

Mais la vitesse n'est point le seul élément à comparer
quand il s'agit d'opérations de transport. Il faut en même
temps consulter les tarifs. Or le prix moyen du transport
des voyageurs ressort, pour l'Angleterre, à 9 centimes par
kilomètre, tandis qu'en France il est descendu à 5 centimes 1 2. Les tarifs, qui, en France, s'appliquent à tous les
degrés de vitesse, sont augmentés en Angleterre pour les
transports effectués par les trains de malle, et même pour

---

1 *Traité élémentaire sur les chemins de fer*, par M. Aug. Perdonnet,
4 volumes in-8°; Garnier frères, éditeurs. — L'introduction de cet ouvrage,
dont la troisième édition a paru en 1865, contient l'énumération très-
complète des services de toute nature rendus par les chemins de fer.

les express ordinaires. Ainsi, au point de vue de l'économie, l'avantage est acquis, dans une proportion très-forte, au voyageur français.

Vitesse plus grande en Angleterre, tarifs plus bas en France, voilà les traits saillants des deux exploitations.

Cette différence ne saurait être attribuée à la volonté arbitraire des Compagnies ; elle résulte de la dissemblance des conditions qui s'imposent au trafic et du contraste que présentent, là comme ailleurs, le caractère et les habitudes des deux peuples.

Les Compagnies anglaises ont reconnu que le premier besoin des populations qu'elles avaient à desservir était la rapidité du transport ; elles ont jugé qu'elles trouveraient dans ces populations denses, riches, habituées déjà aux déplacements coûteux, une clientèle disposée à payer le prix de la vitesse ; elles se voyaient, en outre, sur plusieurs lignes, en concurrence avec la navigation à vapeur du littoral, qu'elles ne pouvaient combattre que par la fréquence et la promptitude des trajets. Elles ont donc recherché premièrement la célérité de marche. Au contraire, les chemins de fer français, qui pénétraient au milieu de populations moins denses, moins riches, voyageant peu et ne voyageant qu'à courtes distances, avaient à procurer tout d'abord l'économie du transport. En Angleterre, malgré l'élévation du tarif, les voyageurs de première et de deuxième classe figurent pour près de moitié dans l'ensemble, tandis qu'en France, malgré la modération relative du prix et malgré une différence très-sensible de vitesse entre les trains-express, qui ne reçoivent que des voitures de première classe, et les trains ordinaires, les voyageurs de première et deuxième classe ne représentent que le quart. Cette comparaison montre bien quels étaient et quels sont encore, de part et d'autre, les besoins à satisfaire.

Ajoutons que les Compagnies anglaises, qui desservent des parcours peu étendus, qui sont complétement libres pour leur gestion, et qui obtiennent à bas prix une houille de qualité supérieure, peuvent réaliser la condition de vitesse plus facilement que les Compagnies françaises.

Sans insister sur ces dernières considérations, qui ont cependant leur importance, il nous suffit de répéter que, dans chacun des deux pays, l'exploitation des chemins de fer est d'accord avec les préférences et avec les habitudes nationales, c'est-à-dire qu'en Angleterre elle donne la vitesse aux dépens de l'économie, et en France l'économie aux dépens de la vitesse. Si l'on proposait aux Anglais de payer moins cher une vitesse moindre, ils refuseraient sans aucun doute le cadeau offert à leur bourse, et si l'on disait aux Français que pour les faire circuler plus vite on doit hausser le prix des places, la nouvelle serait à coup sûr fort mal accueillie.

Il est vrai que des esprits impatients n'hésitent pas à demander à la fois l'augmentation de la vitesse et la diminution du prix des places. Les uns, pénétrés de cette pensée malheureusement trop commune que les ressources d'une industrie privilégiée sont inépuisables et que l'État doit exiger tout des Compagnies de chemins de fer, prétendent que ces Compagnies pourraient, si elles le voulaient bien, donner satisfaction au double vœu du public, qu'elles s'attardent obstinément dans l'ornière du monopole, et qu'il suffirait au gouvernement d'user de fermeté et de décision pour les entraîner dans la voie des réformes. Les autres, sans partager ces passions jalouses, s'évertuent à démontrer que les Compagnies méconnaissent leurs propres intérêts en n'organisant pas des services plus rapides avec des tarifs abaissés de manière à faciliter les longs voyages et à multiplier la clientèle, ce qui, suivant eux, ne tarderait pas à accroître le produit net. Ils ne manquent pas de citer, comme exemple, le développement considérable et assez prompt que la diminution radicale de la taxe des lettres a imprimé aux revenus de la

poste, et ils affirment qu'un résultat analogue ne tarderait
pas à se produire pour le transport des voyageurs.

Malheureusement ces exigences et ces conseils ne paraissent point s'accorder avec les simples notions d'arithmétique
auxquelles les Compagnies de chemins de fer, tout comme
les autres industriels, sont tenues de subordonner leurs opérations. Il est reconnu que les frais de traction et de matériel croissent plus rapidement que les vitesses, et cet
accroissement de dépenses est tellement considérable que
l'ingénieur en chef d'un chemin de fer anglais, consulté sur
ce point, a cru pouvoir évaluer à 30 0/0 le supplément
nécessaire pour porter de 48 ou 56 kilomètres à 64 ou 67
kilomètres la marche d'un train-express (1). Il y a donc
entre ces deux termes, augmentation de vitesse et diminution des tarifs, une contradiction absolue.

Quant à l'énorme développement que l'on promet au
trafic des voyageurs au moyen de l'abaissement radical du
prix des places, on invoque à faux en cette matière la loi
économique selon laquelle la consommation d'un produit
s'accroît en proportion de la baisse du prix de vente. Pour
que cette loi devienne applicable sans ruiner l'industriel, il
faut premièrement que le produit comporte une augmentation de consommateurs en rapport avec le supplément de
capital qui aura été consacré à l'accroissement de la production ; il faut, en second lieu, que l'industriel puisse, avec
une production plus abondante, réaliser une économie très-sensible sur les frais. Voici, par exemple, un fabricant de
tissus, un extracteur de houilles : la consommation des produits que l'un et l'autre présentent sur le marché est d'une
élasticité telle que la baisse du prix de vente est assurée de

---

(1) Rapport de M. Lan, ingénieur des ponts et chaussées, chargé d'une
mission en Angleterre. (*Enquête*, p. 104.) Ce rapport contient de nombreux renseignements qui permettent de comparer, au point de vue technique, l'exploitation des chemins de fer en Angleterre et en France.

provoquer un accroissement continu d'acheteurs. En outre, il est certain que pour ces industries les dépenses de fabrication ou d'extraction sont loin de s'élever en proportion de la quantité des produits. — De même pour la poste : on a pu hardiment diminuer, par une réforme soudaine, la taxe des lettres, parce que cette réduction, opérée sur un tarif très-onéreux, intéressait non-seulement la population tout entière, mais encore tout un monde d'affaires, et aussi parce que les frais de transport des correspondances, grâce à l'amélioration des voies de communication et à l'emploi économique des chemins de fer, devenaient absolument et proportionnellement beaucoup moindres ; et cependant, malgré ces conditions favorables, ce n'est qu'après une période de plusieurs années que l'État a retrouvé l'ancien produit net.

En serait-il de même pour les chemins de fer? Pense-t-on que le besoin ou le goût des voyages soit de nature à se développer, quant à présent, dans des proportions suffisantes pour donner un produit égal avec des tarifs beaucoup plus bas? Il faut songer que la population s'accroît lentement, et qu'au sein de cette population il est de nombreuses catégories que la gratuité même des transports n'engagerait pas à se déplacer. On se berce d'illusions quand on imagine qu'avec de très-larges diminutions de prix, la France entière se mettrait en route. D'un autre côté, s'il est exact que les trains ont encore des places vides et qu'ils pourraient, sans augmentation de prix, transporter un plus grand nombre de voyageurs, ce raisonnement n'aurait plus aucune valeur dans l'hypothèse où l'on se place, c'est-à-dire si le trafic prenait les proportions immenses que certains esprits croient pouvoir attendre d'un dégrèvement de tarif. Une partie des frais généraux et surtout les frais de traction s'élèveraient très-sensiblement avec des trains plus multipliés, qui exigeraient une augmentation correspondante de matériel et, sans mentionner les autres détails, des emplacements plus coûteux.

En un mot. le voyageur, considéré comme aliment de transport, ne saurait être comparé avec ces marchandises de production presque inépuisable et de vente presque indéfinie que nous citions tout à l'heure. C'est à quoi n'ont pas réfléchi les réformateurs des tarifs des chemins de fer, en parant leurs chimères d'un faux appareil de science économique. Il n'y a là qu'un simple calcul industriel dont les compagnies, en France comme en Angleterre, ont dû respecter les lois rigoureuses. Si ce calcul n'était point en quelque sorte forcé, comment verrait-on les chemins de fer anglais établir et maintenir leurs tarifs tels qu'ils sont, plus élevés que les nôtres? Ils se seraient donc, eux aussi, grossièrement trompés, et bien plus que nous ! Cette supposition ne saurait être admise par aucun esprit sensé. Les compagnies anglaises font payer plus cher le transport parce qu'elles donnent plus de vitesse, et elles n'ont jamais pensé qu'une baisse radicale de tarif pût avoir la vertu d'augmenter leurs produits nets par l'extension illimitée du trafic des voyageurs.

Est-ce à dire qu'il n'y ait rien à faire? Non, certes. Nous ne combattons ici que les impatiences irréfléchies et les illusions vaines; nous cherchons à démontrer l'étrange erreur dans laquelle on tombe lorsque l'on exige des chemins de fer, tant en France qu'ailleurs, des conditions de vitesse et de tarif qui rendraient le prix de transport inférieur au prix de revient. Mais, après avoir signalé des exagérations qui sont dangereuses parce qu'elles frappent tout à la fois une grande industrie et un grand service public, nous pouvons admettre que, pour la vitesse comme pour le prix des places, les compagnies de chemins de fer peuvent et doivent réaliser de sérieux progrès. Le passé est garant de l'avenir. — Relativement à la vitesse, il est incontestable que l'exploitation des grandes lignes est aujourd'hui mieux organisée qu'elle ne l'était il y a dix ans, et l'enquête de 1862 a été suivie de diverses mesures de détail qui ont profité particulièrement au mouvement des trains-omnibus et au service des trains de correspondance. — Quant au tarif, s'il est vrai qu'il n'a point encore été abaissé pour les mouvements du service ordinaire, on ne saurait méconnaître l'influence qu'un plus grand nombre de trains à prix réduit, même pour de longues distances, a exercée sur l'économie générale des transports. Il suffit de rappeler que le prix moyen kilométrique par voyageur, avec l'addition de l'impôt du dixième au profit du Trésor, ne dépasse point 5 centimes et demi. Les Compagnies se sont ingéniées à multiplier les trains d'excursions, les billets d'aller et retour, les billets circulaires et à prix réduit; elles connaissent mieux chaque jour les besoins et les goûts des populations qu'elles desservent; nous les voyons porter leurs combinaisons jusque sur les territoires étrangers, où elles propagent la facilité des voyages. Elles prouvent donc, par leur initiative, qu'elles se sentent intéressées à poursuivre ce système de dégrèvement, qui leur deviendra plus aisé et plus profitable à mesure que la science continuera à perfectionner les instruments de la traction. C'est ainsi que procèdent les améliorations sérieuses et durables; on doit se garder de les compromettre par trop de hâte et de les décourager par des exigences déraisonnables (1).

---

(1) Par un arrêté du 20 mars 1865, le gouvernement belge a réduit les tarifs pour le transport des voyageurs sur les chemins de fer de l'État. Ces tarifs étaient respectivement, pour les trois classes, de 8, 6 et 4 centimes par kilomètre, avec supplément d'un quart pour les trains-express, qui ne pouvaient comprendre que des voitures de 1re et de 2e classe. Les taxes étaient, comme en France, rigoureusement proportionnelles à la longueur des parcours, sans réduction pour les longues distances. — Désormais, il y aura diminution progressive des bases de la taxe, le montant de la réduction devant croître avec le développement des parcours, et les voitures de 3e classe étant admises dans les trains-express. — Le gouvernement belge applique ainsi aux transports de voyageurs le principe qui est appliqué, dans tous les pays, aux transports de marchandises. Il sera très-intéressant de suivre, au point de vue de l'extension du trafic,

Nous arrivons au transport des marchandises.

Au début des chemins de fer, on était convaincu que ces voies rapides seraient utilisées à peu près exclusivement pour le transport des personnes et que celui des marchandises n'en profiterait que dans une faible proportion. C'était là une fausse prévision, et, ajoutons-le, une heureuse erreur. Préférées par les voyageurs au point de faire disparaître tous les autres modes de locomotion, les voies ferrées n'ont pas tardé à attirer les marchandises, au point de ruiner le roulage et de soutenir la concurrence des voies fluviales et des canaux. Depuis 1853, la recette brute provenant du transport des marchandises dépasse la recette des transports de voyageurs, et chaque année l'écart augmente. Cet accroissement énorme de trafic, qui profite à l'ensemble du commerce intérieur et aux échanges internationaux, est aussi merveilleux qu'il était inattendu. Un résultat analogue s'est manifesté dans les autres pays. Les chemins de fer sont appelés à exercer sur les destinées de la production et de la consommation une influence prépondérante; ils portent sur leurs rails la plus grande partie de la fortune publique; par la force des choses, le capital et le travail sont devenus presque leurs tributaires. Leur bonne ou mauvaise exploitation réagit directement sur tous les intérêts; aussi la question du transport des marchandises par les chemins de fer a-t-elle éveillé la plus vive sollicitude de la commission d'enquête de 1862, et nous la voyons reparaître chaque année dans les débats législatifs.

Pour les marchandises comme pour les voyageurs, c'est avec l'exploitation des chemins de fer anglais que s'établit

---

les résultats de cette expérience, tout en ne perdant pas de vue que les conditions générales de l'exploitation ne sont pas identiques dans les différents pays, et que la situation du gouvernement belge est toute différente de celle des Compagnies concessionnaires en France et ailleurs.

d'ordinaire la comparaison; et là encore se rencontrent les traits distinctifs qui ont été observés dans le transport des personnes, tel qu'il s'effectue en France et en Angleterre. La rapidité du service est incontestablement supérieure chez nos voisins, et les tarifs français sont plus bas : la moyenne du prix perçu est, pour nous, de 6 à 7 centimes par tonne et par kilomètre, tandis qu'en Angleterre elle dépasse 9 centimes. La différence de prix suffirait à justifier la différence de célérité; mais il y a d'autres raisons, générales et spéciales, qui expliquent l'avantage dont jouissent sous ce dernier rapport les chemins anglais.

Le trafic sur les lignes anglaises est plus régulier, plus également réparti que sur les lignes françaises. En France, le mouvement des affaires comme celui des voyageurs se concentre à Paris et dans un très-petit nombre de villes, où les compagnies doivent entretenir sans cesse une énorme accumulation de matériel; en Angleterre, il s'étend à beaucoup de localités que l'industrie a peu à peu érigées en cités populeuses et qui prennent une part notable aux transports. Dès lors, le travail d'expédition et de réception des marchandises s'y fait plus vite, par cela même qu'il est plus divisé. Il faut en outre remarquer que les principales villes anglaises, particulièrement Londres et Liverpool, peuvent recevoir directement par mer une partie des approvisionnements et des marchandises brutes qui leur sont destinées, ce qui dégage d'autant la circulation encombrante sur les chemins de fer et permet d'organiser, dans les deux sens de l'*aller* et du *retour*, un mouvement à peu près égal de transports : condition qui est très-avantageuse pour le service et qui n'existe pas au même degré en France. A Paris notamment (et c'est le centre le plus considérable du trafic), les gares voient arriver, sous forme de produits bruts, un tonnage incomparablement plus fort que celui qu'elles expédient sous forme d'articles manufacturés. Rappelons d'ailleurs qu'en Angleterre les gros transports de matières minérales (houille, coke, minerai, etc.) s'effectuent par les soins et sur les wagons des expéditeurs eux-mêmes, les Compagnies n'ayant à exécuter que la traction, qui est la partie la moins compliquée du service; il y a donc là toute une catégorie de transports, pour laquelle les compagnies sont complétement délivrées des formalités d'écritures, de chargement, de déchargement, de camionnage, qui contribuent le plus à allonger les délais. En résumé, les chemins de fer anglais ont sur les chemins de fer français l'avantage d'un trafic plus régulier; les Compagnies anglaises ont un service beaucoup plus facile : on s'expliquerait donc que, même à prix égal, le transport des marchandises s'accomplit avec plus de célérité en Angleterre qu'en France.

Ce n'est pas tout : les Compagnies anglaises jouissent d'une complète liberté d'action pour leur service, tandis que les compagnies françaises sont pour chaque détail soumises à la plus stricte réglementation. C'est ici que l'on observe combien l'organisation des chemins de fer est différente dans les deux pays.

En Angleterre, les Compagnies peuvent se dispenser d'exécuter les transports, leur charte de concession ne les obligeant qu'à établir les voies ferrées, et à livrer passage sur leurs rails à quiconque veut en user moyennant un droit de péage. Si elles consentent à faire l'opération du transport, elles ne sont tenues de l'accomplir que dans un délai raisonnable, terme vague qui se prête à toutes les interprétations; quant au prix, elles peuvent dépasser le maximum officiel par l'addition de certaines taxes que la loi autorise, sans en fixer le chiffre, pour la manutention des marchandises. Il leur est loisible de passer tous traités de transport, et de modifier leurs tarifs à quelque époque qu'elles le jugent convenable, sans être astreintes à aucune formalité d'autorisation administrative ni à aucun délai.

En France, au contraire, les Compagnies ont l'obligation absolue de recevoir toutes les marchandises qui leur sont remises, de les transporter dans un délai déterminé et moyennant un tarif qui n'admet aucune addition. Elles ne peuvent relever les tarifs, même en demeurant en deçà des limites du maximum légal, qu'après le délai d'un an; certains traités leur sont interdits, et elles doivent solliciter l'autorisation ou tout au moins l'homologation administrative pour chacune des mesures qui se rattachent à leurs relations avec le public.

Quelle est, au point de vue de la célérité du transport, la conséquence de ces deux systèmes? C'est qu'en Angleterre les Compagnies, dégagées, ou à peu près, de toute obligation légale quant aux délais et maîtresses de traiter comme elles l'entendent avec les expéditeurs, peuvent combiner plus sûrement leur service, de manière à le rendre plus régulier et plus rapide ; en France les Compagnies, obligées, sans restriction aucune, d'effectuer tous les transports, incessamment exposées à des actions en responsabilité pour les moindres retards qu'il suffit de constater, privées des facilités que leur procureraient les contrats particuliers passés avec les principaux expéditeurs, doivent être prêtes à agir avec la même activité sur tous les points de leurs lignes, de telle sorte qu'elles disséminent forcément leurs moyens de manutention et de transport, et que le public, dont on voulait défendre les intérêts, se trouve en définitive moins promptement servi.

S'il était nécessaire d'entrer plus avant dans les détails, nous pourrions ajouter que les gares des chemins de fer anglais sont généralement moins encombrées que celles des chemins français, parce que toutes les grandes villes d'Angleterre sont pourvues d'entrepôts ou de magasins où les marchandises sont reçues à des prix très-modérés, tandis que dans la plupart des villes de France, c'est la gare même qui sert de magasin, où les destinataires conservent les produits qui leur sont expédiés, occupant ainsi des emplacements qui ne devraient être utilisés que pour l'opération du transport, et immobilisant un matériel qui devrait au contraire demeurer toujours disponible pour une circulation immédiate. Nous pourrions dire encore que l'accomplissement des formalités de l'octroi, formalités si gênantes pour les voyageurs avec bagages, quelle que soit la tolérance des agents préposés à ce service, retarde souvent en France le mouvement des marchandises, et amène des embarras et des frais qui sont inconnus en Angleterre. Plus on pénètre dans cette question, plus on reconnaît que la situation des Compagnies françaises ne permet pas à celles-ci de procurer aux transports une célérité égale à celle qui est pratiquée par les Compagnies anglaises. L'impossibilité résulte non pas du mauvais vouloir de nos Compagnies, dont le premier intérêt est de satisfaire le public, non pas de la faiblesse du gouvernement qui ne saurait point exercer son droit de contrôle, mais bien de conditions géographiques et d'habitudes commerciales qui sont différentes, d'un régime légal et d'une organisation économique qui, pour assurer à l'ensemble des transports d'autres avantages que l'on ne devrait pas négliger dans la balance d'une juste comparaison, lui retirent nécessairement un degré plus ou moins sensible de vitesse (1).

Faut-il admettre que la rapidité du trafic des marchandises sur les chemins de fer anglais est due à la concurrence que les Compagnies se font entre elles? La concurrence existe, et sans aucun doute elle n'est pas sans action sur le résultat obtenu; mais cette action ne doit pas être exagérée. Qui ne sait qu'en matière de transports de marchandises, la concurrence, quand elle est sérieuse, s'exerce d'abord sur le

---

(1) Les conditions de l'exploitation commerciale des chemins de fer en Angleterre et en France sont exposées et comparées avec détail dans les rapports de M. Moussette, inspecteur principal des chemins de fer. Ces rapports, rédigés à la suite d'une mission en Angleterre, sont annexés au travail de la commission d'enquête.

prix ? La vitesse, au moins pour la masse du trafic, ne vient qu'en seconde ligne. Or, nonobstant la concurrence, les chemins de fer anglais maintiennent tous des tarifs élevés, sensiblement plus élevés que les nôtres. Il convient donc d'attribuer principalement aux habitudes et aux préférences commerciales, ainsi qu'à la possibilité d'y satisfaire, la célérité plus grande dont jouissent nos voisins plutôt qu'à une lutte de concurrence entre les différentes lignes.

Le parallèle que nous avons essayé d'établir entre la France et l'Angleterre pour le transport des marchandises aboutit aux mêmes conclusions que pour le transport des voyageurs, et puisque, dans l'un comme dans l'autre cas, la vitesse est une marchandise qui doit se payer proportionnellement, il ne reste plus qu'à demander au producteur et au consommateur français : Voulez-vous avoir plus de vitesse et payer plus cher ? ou préférez-vous un régime qui, pour une vitesse moindre, vous demande 2 centimes de moins en moyenne par tonne kilométrique (80 millions par an pour un transport de 4 milliards de tonnes)? — C'est toujours là qu'il faut en venir. Car nous ne saurions engager une discussion sérieuse avec les personnes, intéressées ou non, qui prétendent obtenir tout à la fois augmentation de vitesse et maintien ou même réduction de prix. Posée dans les termes où elle doit être raisonnablement posée, c'est-à-dire avec l'alternative qu'indiquent les notions les plus élémentaires du calcul et du bon sens, la question serait inévitablement résolue en faveur du régime français.

On peut même dire dès à présent qu'elle est résolue, et que le commerce, par sa pratique journalière, se charge de la réponse. Pour faciliter leur trafic et en même temps pour multiplier les transports, les Compagnies françaises ont imaginé des tarifs spéciaux, qui sont inférieurs aux tarifs officiels, mais qui stipulent un certain allongement du délai réglementaire pour la livraison des marchandises. Eh bien !

qu'arrive-t-il ? Nous laisserons parler ici M. le directeur général des chemins de fer, qui, dans la dernière session, a traité devant le Corps législatif, avec autant de talent que d'autorité, l'ensemble de la question : « Toujours, à côté d'un tarif spécial avec délai allongé, on trouve un tarif général avec un prix plus élevé et le délai réglementaire. Or, il est à peu près sans exemple qu'un expéditeur choisisse les tarifs les plus élevés avec un délai moindre. On choisit toujours, presque sans exception, les tarifs les plus bas avec des délais plus longs. Donc, on veut bien de la vitesse, mais on ne veut pas la payer. Voilà le fait véritable (1). »

Le transport à bas prix, tel est l'objet essentiel ; c'est vers ce but que doivent tendre incessamment les efforts des compagnies de chemins de fer, et c'est particulièrement sur ce point qu'il convient de leur demander compte de leur gestion. En 1841, le prix moyen perçu par tonne kilométrique était de 12 centimes ; en 1854, il est descendu à 7 centimes 1/2, et en 1864, à 6 centimes 1/4. Nous n'avons plus à rappeler ce que représentent en millions ces dégrèvements de centimes, se multipliant par les milliards de tonnes qui sont aujourd'hui transportées. Bornons-nous à signaler ces diminutions successives, qui se traduisent chaque année par une économie nouvelle au profit du producteur et du consommateur, et que les Compagnies accordent spontanément, puisque leurs cahiers des charges les autoriseraient à maintenir des taxes beaucoup plus élevées. Il est vrai qu'elles consultent leur propre intérêt et qu'elles gagnent elles-mêmes à ces modérations de tarifs, qui accroissent leur clientèle ; mais s'il est permis de ne pas leur témoigner une trop vive gratitude, du moins faut-il reconnaître qu'elles ne demeurent pas inertes dans l'exécution passive de leurs contrats, qu'elles suivent

____

(1) Discours de M. de Franqueville dans la séance du Corps législatif du 27 juin 1865. (Voir l'*annexe* n° 1, où nous avons reproduit une partie de ce discours.)

le progrès, souvent même le provoquent, et qu'elles se montrent pénétrées de l'intérêt qui s'attache au bas prix du transport.

Il serait vraiment superflu de fouiller dans les statistiques générales ou locales pour en extraire la preuve chiffrée du mouvement que la baisse des tarifs par chemins de fer a imprimé à la production et au commerce. Il suffit de considérer le total des quantités transportées pour apercevoir tout de suite combien d'industries, et, avec elles, combien d'éléments de travail, de bien-être, de richesse se sont développés grâce à l'intelligence libérale avec laquelle les Compagnies ont successivement réduit leurs taxes : ceux-là mêmes qui se refusent à reconnaître la cause sont bien obligés d'avouer et de saluer l'effet. Nous rencontrons cependant, parmi les nombreux documents que nous avons dû consulter, trois notes qui ont été publiées dans le *Bulletin de la Société d'encouragement pour l'industrie nationale* (1), et qui démontrent d'une manière trop décisive les services rendus par les chemins de fer à l'agriculture pour que nous ne soyons pas tenté de leur emprunter quelques renseignements. Il s'agit du transport des céréales, des bestiaux et de la bière.

Les céréales sont comprises dans la deuxième classe du tarif des chemins de fer et passibles, suivant les cahiers des charges, de la taxe de 14 centimes par tonne et par kilomètre. Une disposition récente stipule en outre que, dans le cas où le prix de l'hectolitre de blé s'élèverait, sur le marché régulateur de Paris, à 20 francs et au-dessus, le gouverne-

---

(1) *Bulletin de la Société d'encouragement*, avril, août et septembre 1865. Ces notes ont été rédigées par M. Jacqmin, ingénieur des ponts et chaussées, directeur de l'exploitation des chemins de fer de l'Est. Nous avons sollicité et obtenu de M. Jacqmin l'autorisation de les reproduire à la suite de notre travail. Voir aux *Annexes*, n°° 2, 3 et 4.

ment aura le droit d'exiger des Compagnies que le prix de transport ne dépasse pas 7 centimes. Or, aucune Compagnie n'applique, pas même en temps normal, le tarif plein que les cahiers des charges accordent pour les expéditions qui doivent être faites dans les délais réglementaires ; le prix réel est inférieur du tiers, quelquefois même de moitié au prix légal. Bien plus, il y a, sur tous les chemins de fer, des tarifs spéciaux qui, pour un transport plus lent, fixent des prix qui varient de 6 à 2 centimes 1/2 par tonne (la tonne contient 12 hectolitres). Il n'est pas besoin de dire que la totalité des transports s'effectue aux conditions de ces tarifs spéciaux, de telle sorte que le prix normal perçu par les Compagnies pour les céréales est inférieur de moitié environ au prix exceptionnel que le gouvernement s'est réservé la faculté de prescrire pendant les périodes de disette. Veut-on savoir ce que représente l'économie résultant de ces abaissements de taxe ? En 1847, la ville de Vesoul fit à Marseille des achats de blé, dont le transport, sur un parcours de 670 kilomètres et aux prix du tarif alors en vigueur, ne coûta pas moins de 174 francs par tonne, soit 14 francs 75 centimes par hectolitre. La même opération, avec les tarifs actuellement appliqués sur les réseaux de la Méditerranée et de l'Est, ne coûterait plus que 33 francs 55 centimes par tonne, ou 2 francs 79 centimes par hectolitre, c'est-àdire moins du cinquième du prix de 1847. Aussi voyonsnous par les statistiques des compagnies que les transports de céréales ont atteint des chiffres très-élevés. De 1861 à 1864 ils comprennent, année moyenne, 30 millions d'hectolitres. C'est près du tiers de la consommation totale de la France ; et, qu'on le remarque bien, ces dégrèvements de tarif, qui produisent un tel mouvement de transports, ne sont nullement obligatoires pour les Compagnies. Dans ces conditions, le commerce du blé a pris des proportions vraiment énormes, qui profitent tout à la fois à la production et à l'intérêt supérieur de l'alimentation nationale. Grâce aux chemins de fer et à leurs tarifs, les effets des disettes peuvent être le plus souvent conjurés ; l'égalité du prix du blé s'établit entre toutes les régions du territoire ; l'importation de l'étranger est devenue facile et presque instantanée, de même que pendant les années d'abondance l'exportation peut, au premier signe du télégraphe, entraîner vers les contrées voisines une partie de l'excédant de la production, arrêter l'avilissement des cours ou du moins le rendre moins brusque et moins pénible pour l'agriculture.

De même pour les bestiaux. Malgré l'encombrement et les difficultés particulières que présente cette catégorie de transports, les Compagnies n'ont pas hésité à entrer largement dans la voie des réductions de taxes en combinant des tarifs spéciaux, variables selon la distance parcourue, selon le mode de chargement et selon l'importance des expéditions. Qu'il nous suffise d'énoncer, sans multiplier les chiffres, que dans bien des cas les taxes perçues descendent au quart du tarif légal, et que les transports ont été organisés dans des conditions de vitesse exceptionnelle, notamment pour l'approvisionnement de Paris. Il a été ainsi transporté en 1863 plus de 4 millions de têtes de bétail sur les lignes exploitées par les six grandes Compagnies, et sur ce nombre on compte environ 1,500,000 têtes qui ont été amenées sur le marché parisien. Nous ne parlons pas des viandes fraîches ni du gibier qui figurent dans les relevés statistiques pour des quantités considérables. Quelle ressource pour l'agriculture que ce débouché tout récemment ouvert à l'un de ses principaux produits ! quelle économie de frais de transport pour une denrée qui était antérieurement d'une circulation si difficile et si lente, et qui perdait en route une partie de sa valeur ! quel profit pour le consommateur, à qui les chemins de fer procurent non-seulement un approvisionnement régulier, provenant de la culture nationale, mais aussi les bestiaux et les viandes achetés à l'étranger, jusqu'en Hongrie !

Citons enfin les transports de la bière d'Alsace; d'après le cahier des charges, le tarif est de 14 centimes par tonne et par kilomètre, et le délai légal pour l'expédition de Strasbourg à Paris s'étend à sept jours. A ces conditions, il n'y avait point à compter sur un accroissement sérieux du trafic de la bière, cette boisson exigeant un trajet rapide et ne pouvant, à raison de son bas prix, supporter un tarif élevé. En 1860, la Compagnie de l'Est s'entendit avec la brasserie de Strasbourg, et il fut convenu qu'au lieu d'expédier chaque jour des quantités irrégulières de bière comme c'était leur droit, les brasseurs cumuleraient tous leurs envois pour un jour déterminé de la semaine, et qu'il en serait formé un train complet qui se rendrait directement à Paris en moins de vingt heures, avec un tarif très-réduit. Cette mesure produisit des résultats inespérés. En peu de temps, il fallut doubler, puis tripler le nombre de ces trains-express de bière, et aujourd'hui il part chaque semaine six trains dont le chargement annuel dépasse 150,000 hectolitres. La population parisienne profite largement de la facilité qui lui est donnée de boire de la véritable bière de Strasbourg, à laquelle viennent se joindre les bières allemandes transportées par les mêmes trains. Quant à l'Alsace, elle a vu doubler depuis cinq ans le nombre d'hectares ensemencés en houblon, et néanmoins le prix de la bière s'élève toujours, parce que la production, si active qu'elle soit, demeure au-dessous des besoins de la consommation. Voilà le fruit d'une simple combinaison de transport qui développe tout d'un coup et comme par enchantement une branche d'agriculture et d'industrie.

Il serait aisé de multiplier les exemples en montrant à quels prix, inférieurs à ceux des tarifs anglais, les Compagnies françaises transportent la houille, la marne, les engrais, et en signalant à chaque point du territoire l'influence féconde que les chemins de fer exercent sur la richesse publique. Quelle conclusion doit-on tirer de cet état de choses ? C'est que les Compagnies, loin de s'en tenir purement et simplement aux termes de leurs contrats, n'ont jamais cessé de faire des concessions de tarif en vue d'accroître les transports ; c'est qu'elles ont étudié avec persévérance les combinaisons les plus propres à réaliser l'économie d'abord, puis, autant que leurs moyens d'action le permettaient, la célérité de la circulation mercantile ; c'est, en un mot, que sous le régime qui leur a livré le soin d'exploiter les voies ferrées, le progrès a été constant et rapide. Il y aurait autant d'aveuglement que d'injustice à opposer la critique et le dénigrement à des résultats qui sautent aux yeux et que ne sauraient infirmer quelques imperfections de détail.

Il vaut mieux assurément rechercher s'il ne serait pas possible d'accélérer ce mouvement de progrès et de faciliter davantage la baisse des tarifs. Sur ce point, nous observons dans le système actuel deux dispositions qui nous semblent absolument contraires au but que l'on doit se proposer. Il s'agit, en premier lieu, de l'interdiction qui est faite aux Compagnies de relever, avant le délai d'un an, les tarifs qui ont été abaissés. La commission d'enquête de 1862, après avoir entendu les opinions contradictoires, s'est prononcée pour la diminution de ce délai, qui est excessif. On veut, dit-on, empêcher par ce moyen les Compagnies de réduire leurs taxes avec la seule pensée de ruiner une concurrence, sauf à les relever ensuite, et plus haut encore, lorsque la concurrence, écrasée par une force supérieure, aura succombé. Ce sont les canaux que l'on prétend défendre contre les chemins de fer, et, quand on parle ainsi de concurrence, on oublie que le gouvernement a tout fait au contraire pour susciter contre les voies ferrées la concurrence des canaux, dont il a racheté une partie pour réduire presque à néant les péages que les anciens concessionnaires auraient maintenus. Nous ne croyons donc pas qu'il convienne de se rendre à l'objection , surtout quand on traite avec de grandes Compagnies qui ont un intérêt moral à sauvegarder, qui n'iraient certainement pas risquer leur considération dans une lutte de concurrence déloyale, et qui pourraient même compromettre leurs intérêts de la manière la plus grave, si elles méritaient de la part du gouvernement, qui les contrôle, et de l'opinion publique, qui les juge, un blâme de cette nature. Ce qu'il faut voir dans l'interdiction que nous signalons, c'est un obstacle sérieux à des essais de réduction de tarifs dont profiterait le public, essais auxquels les compagnies ne peuvent se livrer que très-timidement, dans la crainte qu'une simple erreur de calcul, qu'une prévision inexacte ne les condamne à des sacrifices trop prolongés (1).

La seconde disposition qui nous paraît sujette à critique dans le régime actuel, c'est la proscription de ce qu'on appelle les traités *particuliers*. Ces traités, qui étaient fort en usage de 1850 à 1857, et sous l'empire desquels la taxe moyenne kilométrique sur le réseau français avait subi une réduction très-sensible, ont été supprimés parce que, disait-on, ils créaient des inégalités entre les expéditeurs, stipulaient des conditions que tous les négociants ne pouvaient remplir, et sacrifiaient l'intérêt du plus faible à celui du plus fort. On se souvient des vives discussions qui s'engagèrent à ce sujet. C'était l'époque où l'on demandait en même temps la radiation de toutes conventions s'écartant plus ou moins de la taxe kilométrique, sous le prétexte que les chemins de fer doivent respecter les situations existantes et ne point rapprocher artificiellement les régions que les lois brutales de la géographie ont séparées. La plupart de ces prétentions étaient

---

1) Voir à l'*annexe* n° 5 l'extrait du rapport de la commission d'enquête sur les *délais de relèvement des tarifs*.

vraiment déraisonnables; mais devant un appel à l'égalité, argument irrésistible dans notre pays, on crut devoir donner une satisfaction en sacrifiant les traités particuliers. En est-il résulté quelque avantage? Devant la commission d'enquête plusieurs chambres de commerce ont exprimé leurs vieilles répulsions contre ces traités : la chambre de commerce de Paris s'est au contraire prononcée pour leur rétablissement. La plupart des Compagnies de chemins de fer ont déclaré que plus d'une fois l'interdiction décidée depuis 1857 les avait empêchées de concéder à de grands centres d'industrie des abaissements de tarif qui auraient été très-désirables. — La commission d'enquête n'a point émis d'opinion bien nette pour le présent ; au fond cependant elle n'est point défavorable aux traités particuliers. « Il se peut, dit-elle dans son rapport, que plus tard, grâce à la multiplication des rapports internationaux, l'exemple de ce qui se passe chez nos voisins influe sur les esprits ; il se peut qu'on cesse d'invoquer, dans une question où il n'est peut-être pas bien à sa place, le principe de l'égalité au nom duquel a été prononcée la condamnation des traités particuliers. Alors l'expérience pourra être reprise sans que le gouvernement assume une trop grande responsabilité et heurte le sentiment public (1). »

Il n'y a donc plus là, pour la commission, qu'une question d'opportunité ; cela suffit pour qu'il soit permis d'insister pour une décision prochaine et de l'espérer. Est-ce que l'inégalité des conditions n'est pas la loi du commerce, comme elle est la loi de la société? Est-ce que, dans des circonstances bien autrement graves, par exemple lorsqu'il s'agit d'un traité qui supprime des droits de douane ou de navigation, lorsqu'il

---

(1 Voir à l'*annexe* n° 6 l'extrait du rapport de la commission d'enquête sur les *traités particuliers*.

s'agit même du tracé d'une ligne de chemin de fer, le gouvernement ne se trouve pas en présence d'intérêts faibles qui se prétendent lésés, qui seront lésés réellement? Est-ce que nous ne voyons pas sans cesse, et aujourd'hui plus que jamais, les petits capitaux dominés par les gros capitaux, qui s'associent pour la grande production ou pour le grand commerce? Ces doléances et ces lésions particulières, dignes assurément d'intérêt, empêchent-elles cependant que force reste à l'intérêt général? car c'est l'intérêt général qu'il faut considérer avant tout. C'est le progrès qui l'emporte, et il est si puissant qu'il arrive toujours à relever les ruines qu'il a pu laisser derrière lui et à panser les plaies qu'il a pu faire dans sa marche trop rapide. S'il est vrai que, par le moyen des traités particuliers, on obtiendra une réduction nouvelle des tarifs, il ne faut point hésiter à revenir sur la décision de 1857, et l'on ne doit pas craindre de heurter le sentiment public en favorisant un intérêt aussi essentiel, alors surtout que la lice de la concurrence universelle est ouverte, et que l'économie des frais de transport est regardée à juste titre comme l'une des armes les plus puissantes de la concurrence internationale. Au surplus, il n'est pas besoin d'autoriser expressément telle ou telle espèce de convention: on n'a qu'à demeurer dans le droit commun. Les Compagnies de chemins de fer sont obligées par leurs contrats d'observer un maximum dans la fixation de leurs tarifs; qu'au-dessous de ce maximum elles soient maîtresses de combiner leurs taxes, de passer des traités et des conventions, sauf à respecter les lois générales qui régissent les transactions entre commerçants. Un tel régime serait parfaitement licite et rationnel. L'argument tiré du prétendu monopole des Compagnies ne saurait être sérieusement invoqué. Le seul contrat applicable, c'est le cahier des charges; or celui-ci ne contient dans son texte ni dans son esprit aucune disposition qui enlève aux Compagnies la faculté de se mouvoir dans les bornes de leurs tarifs, et l'intérêt général ne demande certainement pas que l'on vienne limiter un

droit qui ne s'exerce jamais que sous la forme d'une diminution des frais de transport (1).

Les mesures que nous nous permettons de recommander,
en nous abritant sous l'autorité de la commission d'enquête, n'exigent aucun changement fondamental dans le
régime qui a été adopté pour l'exploitation des chemins de
fer. Ce régime, en définitive, se prête à tous les progrès;
s'il repose sur le privilége, il faut rappeler non-seulement
que le privilége était le seul moyen pratique de procurer à
la France son réseau de voies ferrées, mais encore qu'il a
réalisé des améliorations considérables que les autres nations
nous envient. Que l'on mette en regard le service rendu et
le prix payé; tout esprit impartial reconnaîtra que les chemins de fer français sont exploités dans des conditions de
régularité, de sécurité et d'économie qui n'existent pas ailleurs au même degré. Le public serait-il mieux servi si l'exploitation était remise aux mains de l'État? La question
n'offre aujourd'hui qu'un intérêt spéculatif, puisque l'époque du rachat éventuel des concessions est encore éloignée,
et il n'est vraiment pas utile de l'examiner sous tous ses
aspects. Mais, à première vue, n'aperçoit-on pas qu'en se
chargeant ainsi de l'entreprise générale des transports, l'État
usurperait un rôle qui n'est pas le sien, qu'il assumerait
une responsabilité qui répugne à sa nature même, et qu'il
se trouverait mal à propos jeté dans l'ardente mêlée des

---

(1) La question des tarifs des chemins de fer a été traitée dans tous
ses détails par M. Édouard Boinvilliers, maître des requêtes au conseil
d'État. Elle a fait l'objet de deux articles qui ont été publiés en 1859
dans la *Revue contemporaine* et que l'auteur a réunis en brochure sous
ce titre : *Des transports à prix réduits sur les chemins de fer.* (Librairie
Hachette, 1859.) Les arguments développés par M. Boinvilliers en faveur
de la liberté des tarifs ont conservé toute leur valeur, et ils nous paraissent décisifs.

compétitions mercantiles? Et puis, les monopoles d'État sont-ils donc si tendres qu'il paraisse désirable de les multiplier? Nous nous demandons ce que le public gagnerait à ne plus rencontrer, dans ses rapports avec les chemins de fer, que des fonctionnaires et des agents de l'autorité. On se plaint de ce que les compagnies sont trop puissantes : l'État, s'il était à leur place, serait écrasant. Enfin, quelle serait l'attitude du gouvernement devant les exigences innombrables et formidables, devant les rivalités et les jalousies qui l'assiége-raient sans relâche et qui mettraient chaque jour en cause sa popularité et son prestige? Si, pour la construction du moindre embranchement de chemin de fer, l'État est en butte aux ardentes sollicitations des départements, des arrondissements, des communes, qui s'empressent à l'envi d'en réclamer leur part, qui serait-ce donc s'il avait en même temps dans ses mains la faculté absolue d'abaisser les tarifs soit des voyageurs, soit des marchandises, et de pourvoir directement aux innombrables détails de l'exploitation! Tandis que, dans les conditions actuelles, il lui est facile de se retrancher derrière les contrats qu'il a passés avec les Compagnies et d'effacer ainsi sa propre responsabilité pour ne conserver qu'un rôle tutélaire et protecteur, il lui faudrait, s'il devenait exploitant, subir le feu croisé de mille demandes raisonnables et déraisonnables, recueillir les vœux et les plaintes qui lui arriveraient des divers points du pays, et se tenir constamment sur la défensive contre des prétentions de toutes sortes qui ne manqueraient point de se produire au nom d'intérêts souvent contradictoires. Il encourrait ainsi la peine de tous les sacrifices et l'odieux de tous les refus. La moindre question de tarif prendrait les proportions d'une question politique, car chaque décision aurait pour effet de satisfaire ou de mécontenter telle ou telle partie de la population, telle ou telle branche d'industrie ou de commerce. A la longue même, aucun tarif ne demeurerait possible, et les chemins de fer, au lieu de procurer au

Trésor le revenu considérable que celui-ci peut et doit en retirer, ne serait plus pour lui qu'une charge nouvelle. Non, il n'est à souhaiter, ni pour le public, ni pour l'État, que le système d'exploitation soit modifié, et nous n'avons aucun doute sur la solution que l'avenir réserve à cette question.

III

INFLUENCE ÉCONOMIQUE, POLITIQUE ET SOCIALE DES CHEMINS DE FER.

Après avoir justifié le système qui a été appliqué à l'établissement comme à l'exploitation du réseau français, nous avons à présenter l'énumération des avantages financiers, économiques, politiques et sociaux que le pays retire du développement de ses voies ferrées. Cette étude sera moins aride. Si quelques chiffres se dressent sur le seuil, nous les franchirons rapidement pour arrêter ensuite nos regards sur les perspectives si larges et si variées que l'intervention des chemins de fer a ouvertes aux destinées de notre temps.

En consultant le budget des recettes et en évaluant par des chiffres les clauses onéreuses des cahiers des charges, on trouve que, dès à présent, les chemins de fer procurent à l'État un revenu annuel de 92 millions. Ce revenu est produit soit par les contributions foncières, droits de patente, droit du dixième sur les recettes des voyageurs et des marchandises de grande vitesse, droits de timbre, etc., soit par l'exécution gratuite ou à prix très-réduit des services auxquels sont obligées les Compagnies, et parmi lesquels figurent, en première ligne, les transports de la poste et les transports militaires. On a calculé que lorsque le réseau des 21,000 kilomètres aujourd'hui concédés sera en exploitation, la somme de ses produits directs et indirects s'élèvera à

135 millions, ce qui représentera un intérêt de plus de
7 0/0 du capital de subvention que l'État aura consacré à
la construction des voies ferrées (environ 1 milliard 900 millions) (1). Que l'on déduise de ce bénéfice une certaine part
d'impôt que l'État aurait obtenu du développement normal
des anciens modes de transport, et qui dès lors ne doit pas
être inscrite au crédit des chemins de fer, il restera encore
une somme de plus de 100 millions provenant exclusivement de l'emploi du nouveau système de communication,
c'est-à-dire un intérêt de 5 1 2 0/0 du capital dépensé.

Ce n'est pas tout : à l'expiration des concessions, l'État
entrera en jouissance pleine et entière des voies ferrées, et
il pourra disposer d'une valeur immobilière dont l'établissement aura coûté 9 milliards. On a dit plus d'une fois que
la propriété des chemins de fer suffira pour éteindre la dette
publique. Ne nous chargeons pas de rédiger si longtemps à
l'avance les budgets de nos descendants, alors que nous
avons tant de peine à équilibrer les nôtres. L'heureuse génération qui saluera la quatre-vingt-dix-neuvième année des
concessions actuelles fera de cette richesse l'emploi qu'elle
jugera convenable. Quant à nous, voici la situation que
nous avons créée : en premier lieu, le Trésor n'est engagé
que pour une somme relativement faible dans la construction des chemins de fer; puis il obtient de ce capital un intérêt très-rémunérateur; enfin les arrangements sont com-
binés de telle sorte que l'État retrouvera un jour toutes les
avances qu'il aura faites, et se verra de plus seul et unique
propriétaire de la totalité du capital immobilisé dans les
chemins de fer, c'est-à-dire qu'il rentrera en possession de
son bien et qu'il héritera du nôtre. Certes, si tous les impôts

____

(1) Voir, l'annexe n° 1, discours de M. de Franqueville au Corps législatif séance du 27 juin 1865.

recevaient une destination aussi fructueuse que celle qu'ils ont reçue lorsque leur produit a été dépensé en chemins de fer, les contribuables n'hésiteraient plus à proclamer, d'accord avec certains publicistes, que l'impôt est le meilleur des placements.

A ces profits directs viennent s'ajouter pour l'État divers profits indirects, qui se traduisent par le progrès si rapide que les chemins de fer déterminent dans les différentes branches du travail. Tous les revenus sans exception se ressentent de l'influence des voies ferrées, et il est évident que la fortune publique ne s'accroît qu'en raison de l'augmentation de la fortune privée. La statistique, quelle que soit son habileté, ne pourrait chiffrer avec exactitude le développement agricole, industriel et commercial dont nous sommes témoins depuis dix ans. Le regard le plus superficiel suffit d'ailleurs pour observer la révolution presque instantanée qui se produit dans les régions où pénètrent successivement les chemins de fer. On peut cependant, si l'on tient à s'en former par analogie une idée approximative, consulter les états du commerce extérieur, qui surpassent en exactitude et en précision les autres documents statistiques. Pendant la période décennale de 1827 à 1836, le mouvement général du commerce extérieur était, en moyenne, de 1,365 millions de francs par an; il s'est élevé à 2,112 millions pour la période de 1837 à 1846, et à 3,436 millions pour la période de 1847 à 1856. On ne comptait en exploitation, à cette dernière date, que 6,500 kilomètres de chemins de fer. En 1864, avec un réseau exploité de 13,000 kilomètres, le commerce extérieur a représenté une valeur de 7,329 millions. Quelle différence dans la progression comparée avec celle que l'on signalait durant les périodes précédentes! Complétons cette démonstration par l'étude des mouvements du transit, car ce genre d'opérations est celui qui profite le plus des facilités données aux grands transports. De 1837 à 1846, la valeur moyenne annuelle des marchandises de transit n'était que de 194 millions de francs ; elle s'est élevée à 306 millions pour la période de 1847 à 1856, et a atteint, en 1864, la somme de 723 millions, à laquelle il faut ajouter 200 millions, si l'on tient compte du mouvement spécial des marchandises importées sous le régime des admissions temporaires : c'est donc en réalité une valeur de plus de 900 millions qui représente le commerce du transit. En aucun pays, pas même en Angleterre, on n'a constaté un accroissement aussi rapide, et ce que l'on peut établir sûrement pour les opérations du commerce extérieur, il est permis de le conjecturer, dans des proportions au moins égales, pour le commerce intérieur, dont les transactions échappent par leur multiplicité même et par l'infinie variété de leurs directions, aux calculs de la statistique.

Sans doute cet énorme accroissement doit être attribué en partie aux réformes qui ont été introduites dans la législation commerciale, et qui ont ouvert plus largement nos frontières aux échanges avec l'étranger ; mais ces réformes elles-mêmes n'ont été que l'effet de l'établissement des chemins de fer. Si les voies ferrées, circulant à travers le pays comme les artères qui vivifient le corps humain, n'avaient point été là pour améliorer nos moyens de production, pour mettre les matières premières à la portée des usines où elles s'emploient, pour assurer les communications entre les fabriques et les marchés, et surtout pour abaisser le prix des transports, peut-être les conseillers les plus ardents de la réforme auraient-ils hésité à exposer l'industrie française aux hasards d'une concurrence dans laquelle elle aurait eu à lutter contre les Anglais, les Allemands, les Belges, pourvus depuis longtemps déjà de l'outil le plus puissant que le génie moderne ait mis entre les mains du travail. Si notre territoire n'avait pas été, lui aussi, bardé de rails, du nord au sud, de l'est à l'ouest, la réforme, quelque légitime qu'elle fût en principe, aurait pu sembler périlleuse, ou du moins elle n'aurait point produit les effets souverains et immédiats qui ont dépassé toutes les prévisions. Ce n'est donc que justice de porter au crédit des chemins de fer l'application récente de la liberté commerciale et l'impulsion qu'elle a imprimée aux échanges.

Par sa position géographique, la France est destinée à servir de voie de transit pour les relations de l'Europe centrale avec l'Angleterre et le nouveau monde. Elle tient la chaîne entre l'Allemagne et les contrées d'outre-mer. En 1858, les produits allemands, qui ont emprunté notre territoire pour être embarqués dans nos ports, représentaient une valeur de 98 millions de francs : en 1864, cette valeur a doublé, elle s'est élevée à 196 millions. Tant qu'un voyageur, tant qu'une tonne de marchandise provenant de l'Allemagne centrale et de la Suisse, à destination de l'Angleterre ou de l'Amérique, passera par les ports hanséatiques ou par Anvers, et *vice versà*, nous aurons à redoubler d'efforts pour l'attirer vers la ligne droite, qui est la plus courte, la plus prompte, et qui doit pouvoir être la moins coûteuse. Les progrès réalisés depuis 1858 dans le mouvement de ce transit montrent que les Compagnies comprennent les avantages ainsi que les devoirs de leur situation. On en trouverait la preuve dans les démarches que la Compagnie des chemins de fer de l'Est a poursuivies avec tant de persévérance auprès du gouvernement pour obtenir la liberté des tarifs quant aux taxes des marchandises de transit, démarches qui ont abouti au décret du 26 avril 1862 (1). Les

---

(1) Voici le texte de l'article 2 du décret du 26 avril 1862 :

« En ce qui concerne le transport des marchandises en transit, le ministre de l'agriculture, du commerce et des travaux publics pourra autoriser les Compagnies qui en feront la demande à percevoir les prix et à

chemins de fer finiront ainsi par conquérir à notre pays l'un des plus féconds éléments de trafic et d'influence auquel il lui soit permis de prétendre.

La grande industrie ne s'est réellement développée en France que depuis l'établissement des voies ferrées. Jusque-là, tout en conservant un rang élevé, souvent même le premier rang, quant à l'élégance et à la perfection des produits, l'industrie française demeurait organisée sur une petite échelle; les capitaux lui manquaient; elle était mal outillée; elle éprouvait de graves difficultés à se procurer les matières et la main-d'œuvre; elle produisait peu et chèrement, bien différente en cela de l'industrie anglaise, dont la fabrication, montée en grand, obtenait par la multiplicité des relations et par l'économie des transports un approvisionnement assuré de matières premières, de capitaux et de bras. Du jour où nos manufactures ont pu disposer des mêmes moyens de communication, elles ont commencé à s'agrandir et à s'organiser en vue d'une production plus abondante et moins coûteuse. Elles ont profité de l'éveil donné aux petits capitaux, qui, rassurés par l'exemple que leur offraient les Compagnies de chemins de fer, sont devenus moins timides à s'associer et n'ont point hésité à s'engager dans les grandes entreprises industrielles. Leur outillage s'est perfectionné, il s'est même renouvelé presque entièrement, grâce aux progrès que l'exploitation des voies ferrées a réalisés dans la construction des machines, dans le travail des métaux et dans l'emploi du combustible. Des ateliers de chemins de fer sont sortis de nombreux procédés mécaniques, dont le

---

appliquer les conditions qu'elles jugeront les plus propres à combattre la concurrence qui leur est faite par les voies étrangères.

» Elles ne seront astreintes, dans ce cas, à aucune formalité d'affichage préalable et à aucun délai, soit pour appliquer les taxes réduites, soit pour opérer, dans les limites fixées par les cahiers des charges, le relèvement des prix abaissés. »

principe a trouvé son application dans les autres branches
d'industrie. Désormais nos manufactures peuvent faire venir
à peu de frais leurs matières premières, comme elles étendent
le rayon de leurs marchés de vente ; elles n'ont plus à redouter au même degré la rareté ni les intermittences de la
main-d'œuvre. Ce sont là les conditions nécessaires de la
grande industrie, et si quelques esprits, trop frappés de quelques inconvéniens que semble présenter au premier abord
cette transformation des ateliers, méconnaissent les avantages
du nouveau régime, un examen plus attentif et l'expérience
devront les convaincre tôt ou tard que la révolution qui
s'opère sous nos yeux était inévitable, que la concurrence
exigeait impérieusement la concentration des forces produc-
tives, que les errements de l'ancien système étaient devenus
incompatibles avec les intérêts du travail et avec les besoins
incessants de la consommation, et que la France, sous peine
de se laisser distancer à jamais par les nations rivales, ne
pouvait ajourner plus longtemps la réforme industrielle que
les chemins de fer ont accomplie.

On objecte, il est vrai, que, malgré cet outillage plus
économique et en dépit de cette fabrication plus étendue, le
prix des choses va sans cesse croissant, et que le consommateur paie les produits plus cher. On observe que, partout où
le rail apparaît, l'enchérissement le suit ; on signale avec
un véritable effroi les déplacements de population qui en-
lèvent des bras aux campagnes et qui encombrent les villes.
Bien souvent, ces objections et ces craintes ont été ex-
primées et combattues. — L'enchérissement dont on se plaint
en l'exagérant, qu'est-ce donc, sinon la preuve certaine que
la nation s'enrichit plus vite, que les denrées et les produits
sont demandés par un plus grand nombre, et que les moyens
de paiement se sont accrus plus vite que la production elle-
même ? S'il ne s'agissait que d'une cherté momentanée, in-
termittente, on pourrait l'attribuer à un état anormal et

douloureux qui aboutirait à une crise pendant laquelle tous les objets de consommation subiraient nécessairement une forte baisse, parce que les acheteurs, épuisés et ruinés, feraient défaut ; mais il n'y a ici rien de semblable. La cherté est permanente, ou, pour parler le langage commercial, les prix se soutiennent. Or, pour qu'il en soit ainsi, il faut que la nation soit devenue plus riche, et l'on peut affirmer sans statistique, sans chiffres, par la simple observation des faits, que c'est l'unique raison du phénomène qui donne lieu à tant de regrets.

Si l'on décompose les élémens du prix de revient des produits, on remarque que, sauf de rares exceptions, les matières premières sont moins coûteuses que par le passé, que les procédés de fabrication, par suite de l'emploi de la vapeur et d'un outillage plus perfectionné, sont plus économiques, que le capital s'obtient plus facilement, et surtout que les frais de transport, tant pour les matières premières que pour les produits fabriqués, sont beaucoup moins élevés. Pourquoi donc l'augmentation du prix de revient dans certains cas et celle du prix vénal presque partout ? C'est que les salaires et les profits ont haussé, et cette hausse simultanée des profits et des salaires a naturellement fourni à un plus grand nombre de consommateurs les moyens d'acheter et de payer plus cher. Ce qui a été économisé sur les principaux éléments du prix de revient, et particulièrement sur les frais de transport, a tourné en accroissement de salaires et de bénéfices, c'est-à-dire en rémunération de travail. La matière s'efface devant l'intelligence, la machine marche et tourne au profit de l'homme. Voilà le motif, il n'y en a point d'autre, de l'enchérissement général ; et si les chemins de fer y ont contribué, cette influence doit leur être comptée parmi les plus grands services qu'ils ont rendus à notre génération.

Quant à la dépopulation des campagnes (nous nous servous du terme consacré), il est vraiment bien difficile d'y trouver un motif de critique contre les chemins de fer. Ici encore on perd de vue les avantages sans nombre que les voies ferrées procurent à la propriété rurale, et on se laisse effrayer par un inconvénient qui, selon toute apparence, ne sera que passager et qui se corrigera de lui-même, soit parce que le trop plein des villes ramènera les citadins aux champs, soit parce que les procédés industriels, s'emparant à leur tour de certaines portions du travail rural, rendront moins sensible l'effet de la diminution des bras. Est-ce qu'en Angleterre, où les chemins de fer couvrent toutes les régions du territoire et où l'on compte un grand nombre de cités manufacturières très-populeuses, les campagnes ont long-temps souffert de ce déplacement de travailleurs, qui s'est produit chez elles comme il se produit en France ? Au sur-plus, il nous paraît tout à fait étrange que l'on fasse un crime aux chemins de fer de donner aux habitants des campagnes les moyens de se transporter où ils le jugent convenable pour leurs intérêts. Nous ne sommes plus au temps où des serfs étaient attachés à la glèbe. Laissons donc là les regrets féodaux, et proclamons au contraire qu'en ouvrant à tous la faculté de circulation, qui était précédemment le privilége d'un petit nombre, les chemins de fer remplissent une fonc-tion très-utile dont la société tout entière doit leur être re-connaissante.

Si nous voulions examiner dans ses détails multiples l'in-fluence que les chemins de fer exercent sur les intérêts matériels, il serait aisé de prouver qu'ils réagissent sur tous les rouages du mécanisme administratif en leur donnant une impulsion qui augmente singulièrement leur puissance. Mentionnons seulement les services de la poste et du télé-graphe, qui sont si intimement liés à l'existence des voies ferrées. En même temps, que de formalités inutiles et vexa-toires, à commencer par les passeports, la locomotive a-t-elle supprimées! Elle a déjà brisé, ou peu s'en faut, les lourdes chaînes que la douane tendait à l'entour de nos frontières; à l'intérieur, nous la verrons quelque jour heurter l'octroi et se frayer une route libre et affranchie à travers les barrières du fisc, comme elle a percé les remparts épais des places fortes. Dès qu'elle siffle, elle veut que tout s'écarte devant elle; plus de retardements, plus d'obstacles qui ne soient vaincus! Elle déraillera peut-être au choc d'un caillou que le hasard ou la main d'un enfant aura placé sous sa roue de fer; mais qu'elle se lance contre les plus solides redoutes où se retranchent encore les institutions parasites d'un autre âge, avec leur attirail de règlements, de restrictions, d'antiques *veto*, elle les aura bien vite réduites en poudre. C'est l'engin le plus formidable et le plus bienfaisant de la révolution économique qui s'accomplit sous nos yeux, avec une rapidité si merveilleuse et un tour si naturel que nous devons presque réfléchir pour la reconnaître et la comprendre. Il n'y a peut-être pas une seule condition de notre existence matérielle qui n'ait été modifiée, améliorée et surtout accélérée par l'intervention des chemins de fer.

Comment oublier dans cette énumération les travaux vraiment gigantesques auxquels a donné lieu l'établissement des chemins de fer et que l'on a nommés si justement travaux d'art? Soit qu'on aplanisse des collines en leur enlevant d'énormes tranches de terre, soit que l'on creuse des tunnels au travers des plus hautes montagnes, soit que l'on plante des ponts sur les larges fleuves, soit enfin que l'on érige les immenses bâtiments des gares, ces œuvres si diverses attestent les progrès qu'a réalisés l'art de l'ingénieur et suscitent chaque jour des procédés nouveaux, qui sont utilisés immédiatement dans les chantiers. Les architectes, les entrepreneurs, et, dans un ordre plus élevé, les savants eux-mêmes, pourraient dire ce qu'ils doivent d'enseignements et de découvertes aux ingénieurs qui ont construit les voies ferrées. La France ne le cède pas à l'Angleterre pour l'exécution de ces travaux si hardis, qui étonnent et charment les regards. En Europe, en Italie, en Autriche, nos ingénieurs sont appelés à tracer les chemins de fer : partout, à l'étranger comme en France, on leur rend hommage ; la juste célébrité qui s'attache aux noms des plus éminents rejaillit sur le corps tout entier et honore grandement notre pays.

Il serait plus difficile de préciser l'influence politique des chemins de fer. Incontestablement la France est plus compacte, plus unie, et par conséquent plus forte, depuis que toutes les régions qui la composent sont rapprochées l'une de l'autre par un système de communications plus faciles et plus rapides. Si elle était attaquée du dehors, elle trouverait dans l'organisation du réseau d'énergiques moyens de défense, puisqu'elle pourrait en très-peu de temps diriger ses forces vers les points menacés. Il est facile d'en juger d'après ce qui s'est passé en 1859, lors de la guerre d'Italie. Il a suffi de quarante jours pour transporter des garnisons de l'intérieur jusqu'aux Alpes une armée de près de deux cent mille hommes et de trente mille chevaux ! Il semble donc que l'achèvement du réseau doit avoir pour conséquence la réduction de l'effectif militaire, la plus grande mobilité de l'armée pouvant, dans une certaine mesure, suppléer au nombre. Jusqu'ici nous devons reconnaître que cette conséquence ne s'est pas produite. L'établissement militaire de la France a conservé ses anciennes proportions, et le chiffre du contingent annuel n'a pas été diminué ; mais ce n'est point aux chemins de fer que l'on doit s'en prendre de ce que les réformes et les projets qu'ils rendent possibles ne s'accomplissent pas.

Il serait également permis de supposer que l'existence des chemins de fer, en modifiant les distances et en déplaçant les étapes de passage comme les centres d'activité, pourrait amener le remaniement de plusieurs circonscriptions politiques et administratives, la suppression de sous-préfectures, de tribunaux, de services locaux, qui n'ont plus de raison d'être et dont l'entretien est inutilement coûteux. Ce travail ne s'est pas fait, et aucun symptôme n'indique qu'on y songe. Il est vrai qu'il soulève les questions les plus délicates, qu'il exige de grands ménagements, et qu'il est de nature à mettre en branle tous les clochers du pays le jour où il s'agira de l'entreprendre. Il faudra bien cependant qu'on s'y décide, car le tracé des chemins de fer a changé la carte de la France, et il est logique qu'une organisation nouvelle soit appropriée à des besoins et à des intérêts qui diffèrent très-sensiblement des conditions de l'ancien régime. Quoi qu'il en soit, les voies ferrées peuvent, sous ce rapport, procurer à l'État une économie réelle ainsi qu'un meilleur agencement du mécanisme administratif.

On s'est demandé si l'extension des chemins de fer sera favorable à l'action du pouvoir ou aux principes de liberté.

Les chemins de fer constituent un grand instrument de gouvernement, et cet instrument, placé entre les mains des compagnies, se trouve de fait à la disposition presque entière du pouvoir. Si le raisonnement s'arrêtait à ce point, le pouvoir aurait à sa disposition une arme nouvelle et une arme très-puissante dont pourraient s'effrayer les amis de la liberté. Mais il convient d'aller plus avant.

L'antagonisme qui se produit trop souvent entre l'autorité et la liberté n'est point un antagonisme fondamental ni nécessaire. Lorsque malheureusement il existe, on doit l'attribuer soit à ce que le pouvoir, servi par de mauvais agents, trompé par de faux rapports, gouverne et administre mal, soit à ce que la liberté, mal éclairée sur les intentions du pouvoir, égarée par de fausses impressions, proteste et s'insurge. La guerre, qui se déclare alors par suite d'erreurs et de torts réciproques, n'est le plus souvent que l'effet d'un malentendu qu'ont envenimé les circonstances et les passions des hommes, et qui aboutit un jour ou l'autre à la tyrannie ou à la révolution. Si donc on fournit au pouvoir un moyen de mieux surveiller ses agents, de connaître plus directement les vœux et les doléances de la nation, d'observer avec plus de sûreté le véritable courant de l'opinion publique; si en même temps on donne à la liberté un moyen de contrôler et d'apprécier plus exactement les intentions et les actes du pouvoir, il semble que l'antagonisme risquera moins de se produire et que la réconciliation sera plus prompte. Les chemins de fer offrent précisément ce moyen; ils établissent entre le gouvernement et les gouvernés des relations plus fréquentes qui sont destinées à calmer tout à la fois les défiances instinctives du pouvoir et les ardeurs excessives de la liberté.

Portons nos regards sur l'ensemble de l'Europe. Il est impossible de ne point remarquer que depuis l'extension des voies ferrées, les principes de liberté sont en progrès parmi les peuples, sans que l'autorité ait rien perdu de sa force. Les nations sont assurément mieux administrées, et les gouvernements, de leur côté, en jugeant de plus près les idées, les choses et les hommes, sont moins timides à se démunir des garanties, souvent oppressives, qui, à une époque où l'éloignement augmentait les défiances, pouvaient leur paraître nécessaires. En un mot, les chemins de fer, considérés au point de vue politique, représentent un lien et non pas une arme; ils servent tout à la fois le pouvoir et le principe de liberté : ils contribuent à la bonne administration des pays et à l'harmonie générale.

S'il en est ainsi pour la politique intérieure, l'influence féconde des chemins de fer apparaît plus manifeste encore pour les relations de la politique internationale.

Supposons que la France en fût encore réduite à ses anciennes voies de communication; le commerce avec l'étranger, dont nous avons plus haut signalé le prodigieux développement, cheminerait à petites journées sur les routes ou sur les canaux, avec cette augmentation moyenne annuelle de quelques millions, qui figurait naguère dans la statistique officielle comme un indice de ce qu'on appelait alors la prospérité croissante. Aujourd'hui, c'est par bonds de centaines de millions que se traduit l'augmentation des échanges. Sans les chemins de fer, les expositions universelles, ces grandes fêtes internationales auxquelles il a été donné à la France de prendre une part si brillante, si honorable et si utile pour elle, auraient été impossibles à organiser. On ne verrait point ces réunions fréquentes d'hommes et d'idées qui forment en quelque sorte le congrès permanent des peuples et qui resserrent de plus en plus les liens de la solidarité européenne. Comment calculer ce que la France a gagné et gagne tous les jours, non-seulement en profits matériels, mais encore en profits intellectuels, en progrès moral, en influence politique, à la multiplication de ses rapports avec l'étranger? Traités de commerce, conventions postales et télégraphiques, actes consacrant la propriété littéraire et artistique ainsi que la liberté religieuse, arrangements de toute sorte protégeant les intérêts français sur le sol étranger aussi efficacement que sur le territoire national, voilà les formes extérieures et authentiques du régime nouveau.

Mais au-dessus de tout cela plane une idée souveraine, c'est-à-dire l'idée de paix, sous l'égide de laquelle se propagent universellement les notions de la liberté et du travail. Avec les intérêts ainsi amalgamés et enchevêtrés, avec les affections créées par le contact, la guerre n'est plus à la discrétion d'un accident qu'amène le hasard, ni du caprice ou de l'ambition des souverains. C'est l'idée de paix qui règne, à ce point que, même au lendemain du combat et dans cette l'ardeur du triomphe, elle arrête la marche du victorieux. Certes, la guerre n'a point abdiqué, mais plus nous allons, plus elle est contestée et détestée. Le mérite le plus

transformation générale dans les sentimens des peuples appartient en grande partie aux voies ferrées.

Tels sont les services que nous rendent les chemins de fer, tels sont les avantages qu'ils apportent à notre génération et qu'ils promettent aux générations qui viendront après nous; voilà leur bilan. Ils donnent le *progrès* en toutes choses. Aussi s'explique-t-on la place qu'ils occupent dans nos désirs et dans nos espérances, ainsi que la vivacité des discussions qui s'agitent à leur sujet.

La France est arrivée à posséder 13,500 kilomètres en pleine exploitation; elle en aura bientôt 21,000, sans compter les chemins de fer d'intérêt local qui apparaissent à l'horizon. Cette grande entreprise a-t-elle été sagement conçue et habilement menée? Aurait-on pu avec d'autres procédés l'exécuter plus économiquement et plus vite? Les Compagnies chargées de la construction et de l'exploitation ont-elles répondu à la confiance du gouvernement et à l'attente du public? Nous avons examiné ces différents points en exposant le système des concessions, en comparant l'exploitation du réseau français avec celle du réseau anglais, et en présentant le tableau des résultats obtenus. Nous croyons sincèrement que les milliards consacrés aux chemins de fer ont été employés avec une rare intelligence et avec d'immenses profits pour la nation. Les améliorations réalisées depuis l'origine de l'exploitation sont considérables et continues: l'avenir doit en procurer de nouvelles. Que notre impatience soit toujours en avant de ces progrès; qu'elle les provoque, qu'elle les stimule, en exerçant un contrôle incessant et rigoureux sur les compagnies; cela est naturel et légitime, car nous y sommes tous intéressés. Mais il faut que parfois cette impatience sache se modérer, que le contrôle soit équitable, que la critique invoque de bonnes raisons et qu'elle écoute les réponses.

Il n'y a peut-être pas de question qui ait été plus souvent examinée et débattue que celle de l'exploitation des chemins de fer. Indépendamment des discussions législatives et de la surveillance exercée par les fonctionnaires de l'État, il y a eu, on peut le dire, enquêtes sur enquêtes. Tout a été observé, analysé dans les moindres détails. Qu'est-il arrivé? C'est que le gouvernement, tuteur naturel de l'intérêt public, n'a pu s'empêcher de rendre justice à la gestion des compagnies quant à l'opération des transports, et qu'il s'est placé ouvertement en travers des attaques dirigées contre elles.

Et enfin comment penserait-on obtenir plus de garanties pour la direction de ces grandes entreprises? La plupart des services d'exploitation sont confiés à des ingénieurs dont le mérite est universellement reconnu. De plus, par une heureuse fortune, les Conseils d'administration ont pu recueillir dans leur sein, à la suite de nos révolutions politiques, des hommes éminents qui, après avoir occupé le premier rang dans l'État, sont venus leur apporter le plus utile concours. Nous voyons également figurer dans ces Conseils des noms d'une illustration politique plus récente. S'imagine-t-on que les ingénieurs, ces anciens ministres, conseillers d'État, magistrats, qui, pendant la plus grande partie de leur carrière, ont été habitués à traiter les questions de haut, sous l'inspiration et à la seule lumière de l'intérêt public, vont tout d'un coup changer leurs habitudes de travail et qu'ils sont arrivés là, comme s'ils se fussent assis à un comptoir, pour vendre du transport au plus haut prix? Non ; ils ont vu dans les chemins de fer une grande œuvre nationale à laquelle ils pouvaient dignement s'employer ; ils savent, par leur ancienne expérience, que les intérêts des actionnaires, dans les entreprises de cette nature, sont d'autant mieux sauvegardés qu'il est donné une satisfaction plus grande à l'intérêt général ; leur responsabilité devant le gouvernement et à l'égard du capital qu'ils représentent s'accorde avec leur propre dignité pour les maintenir dans les errements d'une administration libérale et soucieuse de la prospérité du pays. De cette façon, ils continuent à servir l'État ; ce qui est, disons-le incidemment, l'irrésistible penchant de tous ceux qui, à un degré quelconque, ont eu l'honneur d'exercer des fonctions publiques. Voilà les garanties que les Compagnies peuvent invoquer pour la défense de leur gestion, garanties personnelles et morales qui commandent la confiance. N'ayons donc pas d'inquiétude sur l'exploitation des chemins de fer. Elle est en bonnes mains et elle assure au pays tous les bénéfices qu'il doit en attendre.

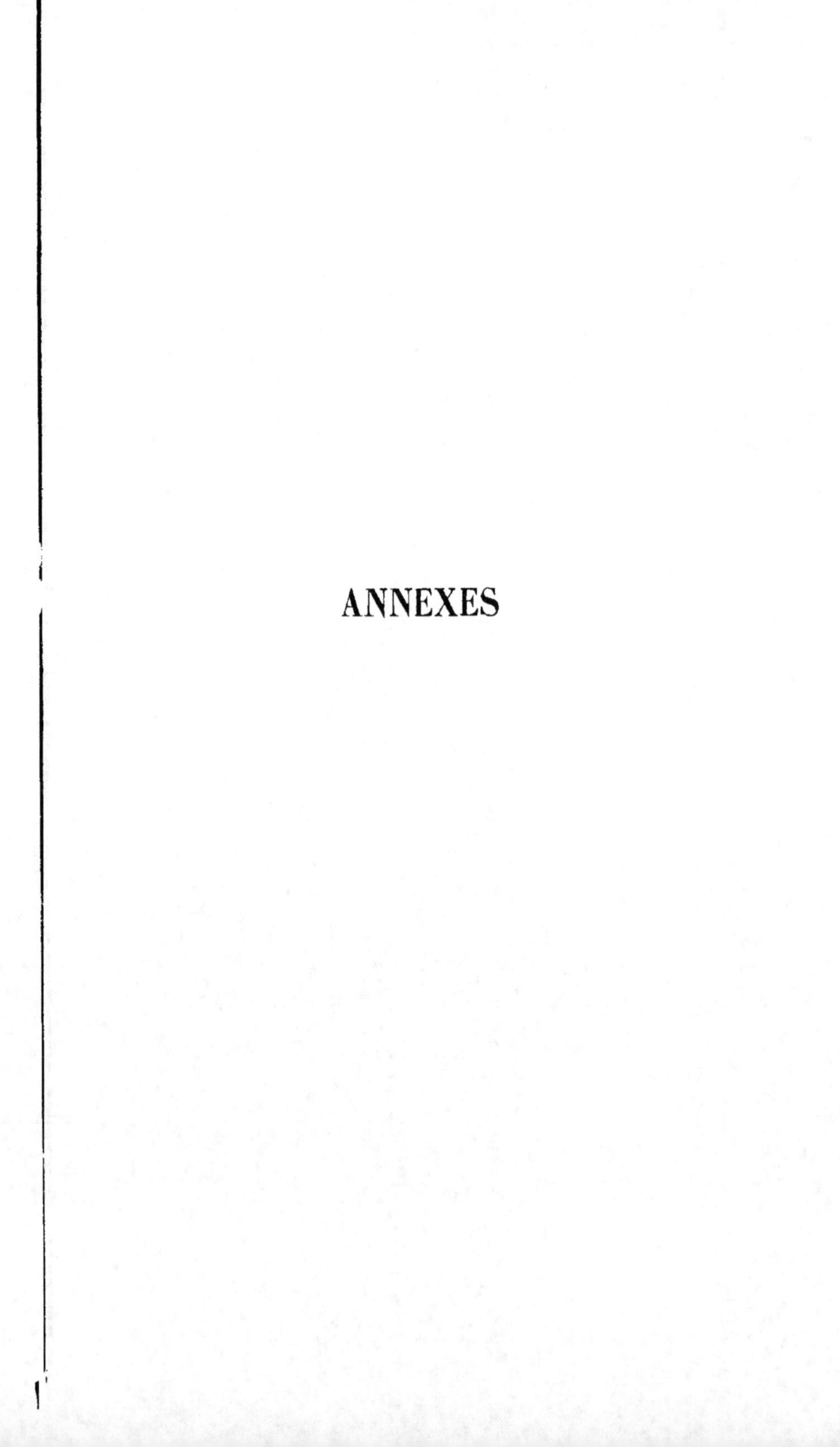

ANNEXES

ANNEXE N° 1.

Extrait du discours prononcé le 27 juin 1865 au Corps législatif par M. DE FRANQUEVILLE, *conseiller d'État, directeur général des ponts et chaussées et des chemins de fer.*

.... En 1855, la moyenne générale des tarifs ressortait à 7 cent. 65 par tonne et par kilomètre : c'était un tarif déjà très-bas. En 1864, cette même moyenne ressort à 6 cent. 15; ce qui fait une différence de 1 centime 1/2. Et qu'est-ce que c'est que cette différence de 1 centime 1/2 pour 4 milliards 630 millions de tonnes (1) qui constituent aujourd'hui le trafic des chemins de fer? Cela fait une réduction d'environ 70 millions; par conséquent, les mêmes marchandises qui étaient transportées avec les tarifs de 1855 à un certain prix, aujourd'hui coûtent 70 millions de moins au commerce. Assurément, Messieurs, voilà un progrès, et ce progrès, je crois que personne ne peut le nier.....

..... Comment se fait-il qu'en France on soit si gêné par les délais, alors qu'en Angleterre les délais de transport sont si courts ?

Messieurs, si en Angleterre les délais sont moindres, cela tient à ce que les transports par chemins de fer ne sont pas soumis aux mêmes règles qu'en France.

---

(1) Il s'agit ici de tonnes *kilométriques.*

En Angleterre, ce sont les Compagnies elles-mêmes qui vont chercher les marchandises à domicile; elles font le camionnage et amènent les colis dans les gares, lorsqu'elles sont en mesure d'en effectuer le transport.

Ce n'est pas ainsi en France. Les Compagnies y sont tenues de recevoir les marchandises à tel jour, à telle heure que l'expéditeur choisit. Si la gare est encombrée, si elle contient déjà une masse de marchandises qu'on n'a pu encore expédier, il faut néanmoins qu'elle reçoive toutes celles qui lui arrivent.

C'est ainsi que l'on a vu d'énormes encombrements de blés à Marseille, à l'époque de la dernière disette, et qu'il s'est produit aussi des encombrements de vins dans les gares de la rive droite du Rhône, dans les années où les récoltes avaient été très-abondantes. Les marchandises y affluaient de telle façon que, si l'on avait eu des trains continus, on aurait eu à peine le temps de les charger et de les expédier.

Les Compagnies sont donc obligées de se ménager une certaine latitude pour ne pas être exposées à des dommages-intérêts très-considérables. Mais, en fait, le commerce est-il très-gêné par ces délais? A-t-il un grand intérêt à s'en débarrasser? Je ne le crois pas, Messieurs. (Réclamations sur quelques bancs.)

Permettez-moi d'achever ma pensée. Je sais parfaitement que si pour les mêmes prix on pouvait avoir des délais plus courts, on le préférerait de beaucoup; mais je me demande si le commerce serait disposé à payer cette différence de temps. Non, Messieurs, et la preuve en est que, toujours à côté d'un tarif spécial avec délai allongé, se trouve un tarif général avec un prix plus élevé et le délai réglementaire. Or, il est à peu près sans exemple qu'un expéditeur choisisse les tarifs les plus élevés avec un délai moindre. On choisit toujours, presque sans exception, les tarifs les plus bas avec des délais plus longs. Donc, on veut bien de la vitesse, mais on ne veut pas la payer. Voilà le fait véritable.

..... Quant aux voyageurs, il est vrai que les Compagnies perçoivent généralement le plein du tarif. Cependant, je dois dire qu'elles concèdent très-facilement et dans beau-

coup de circonstances un abaissement de moitié soit aux in-
digents, soit aux personnes qui ne peuvent pas payer la totalité du prix de leurs places, et cela indépendamment des
réductions de prix stipulées par le cahier des charges.

Le prix total du transport des voyageurs ressort ainsi à
5 centimes 1 2 par kilomètre et par voyageur. Ce prix,
comparé à celui de 10 centimes, qui est à peu près celui du
transport par terre, offre une économie considérable, et je
crois que, quant à présent, le besoin ne se fait pas sentir
d'un abaissement de tarifs; du moins, nous n'avons pas reçu
jusqu'à ce jour beaucoup de réclamations à ce sujet.....

Le système des tarifs différentiels n'est pas un système
nouveau; il a toujours existé, il a toujours été appliqué:
est-ce que vous vous plaignez du tarif de la poste, qu'on a
si souvent cité comme exemple? Quoi de plus différentiel,
cependant, que de transporter une lettre au même prix de
Paris à Marseille et de Paris à Versailles?

Les tarifs différentiels dans les chemins de fer sont la base
même de leur exploitation. C'est par les tarifs différentiels
qu'ils peuvent rendre tous les services que le pays a le droit
d'en attendre. Si l'on exigeait que le prix de la marchandise
s'accrût indéfiniment avec la distance, on atteindrait bien
promptement le point au-delà duquel la marchandise ne
pourrait plus aller (C'est vrai! c'est vrai!); elle serait bientôt arrêtée.

Ainsi que je l'ai dit l'année dernière, le blé, par exemple,
est transporté de Marseille à Paris au prix de 30 francs la
tonne, par conséquent à raison de 30 francs pour 1,000 kilogrammes de pain, car le blé, vous le savez, donne le même
poids en pain.

C'est là un tarif éminemment différentiel, et ce tarif qui
fait un bien énorme à Paris, quel mal fait-il aux localités
intermédiaires? Aucun. Les localités ne paient pas plus que
le point extrême. Si le taux était plus élevé pour les localités intermédiaires, pour Dijon, par exemple, cette ville aurait le droit de se plaindre: mais il n'en est rien, et, à l'aide
du tarif différentiel, on fait un grand bien à Paris, sans cau-
ser aucun dommage aux autres villes.

Si l'on procédait autrement, le point où le blé serait obligé de s'arrêter serait bientôt atteint; le blé ne pourrait pas dépasser Lyon, comme nous l'avons vu en 1847 et à d'autres époques calamiteuses, qui aujourd'hui ne pourraient plus se reproduire.

En résumé, Messieurs, le système des tarifs différentiels est celui-ci : ces tarifs s'accroissent tant que l'on peut faire subir à la marchandise une augmentation de prix; à partir du point où cette augmentation ne peut plus être payée par le consommateur, le tarif cesse de croître, de manière que la marchandise puisse pénétrer plus avant sans augmentation de prix, et atteindre ainsi des régions qui, sans cela, en seraient privées. Il y a là profit à la fois pour le consommateur et pour le producteur.

Par conséquent, on doit considérer les tarifs différentiels comme une nécessité absolue de l'exploitation des chemins de fer.

Maintenant, ces tarifs peuvent présenter certaines anomalies; il y a des cas où ils peuvent donner lieu à des objections. Mais, Messieurs, remarquez que tous les tarifs sont affichés pendant un mois, avant d'être mis à exécution; une instruction de M. le ministre des travaux publics recommande en outre aux préfets de les communiquer aux chambres de commerce, de manière que, si quelque tarif soulève des objections de leur part, ces objections puissent être appréciées par l'administration. Eh bien, il est presque sans exemple que les chambres de commerce fassent des observations dans ce délai du mois d'affichage. Par conséquent, du moment que le commerce ne se plaint pas, je ne vois pas pour quelles raisons nous apporterions empêchement à l'application des tarifs. Mais, plus tard, s'il arrive que, dans l'exécution, certains tarifs, dont on n'avait pas aperçu d'abord les inconvénients, donnent lieu à des réclamations, je dois le dire, l'administration examine ces réclamations avec le plus grand soin, et toutes les fois qu'elle les trouve fondées, elle s'empresse de donner satisfaction aux intérêts qui ont fait entendre des plaintes. Je pourrais vous en citer plusieurs exemples; je me contenterai de vous en citer un seul tout récent. Si l'honorable M. Chagot était ici, je pourrais faire appel à son témoignage.

Il y a quelques jours, il avait signalé à l'attention de l'administration un tarif de réexpédition sur le chemin de fer d'Orléans; ce tarif était exécuté depuis trois mois lorsqu'il nous en a signalé les inconvénients. On se plaignait que la concurrence était supprimée, que des intérêts graves étaient lésés. L'administration a examiné la question; elle a reconnu la justesse des observations qui lui avaient été adressées, et elle a retiré son approbation au tarif.

Nous avons encore reçu une réclamation de la ville de la Rochelle, qui se plaignait de payer plus cher que la ville de Rochefort les expéditions de chaux de Luxé. Le ministre n'a vu aucun motif qui justifiât cette différence de prix, et il a décidé qu'il serait fait droit à cette réclamation.

Ainsi, Messieurs, toutes les fois qu'une anomalie nous est signalée, elle est l'objet de l'examen de l'administration; toutes les fois qu'il se présente des objections sérieuses contre l'application d'un tarif, ces objections sont appréciées, et nous y donnons la suite convenable; mais tant que le commerce ne se plaint pas, tant qu'il n'y a pas de réclamations, l'administration croit remplir son devoir en homologuant les tarifs.... (Marques d'approbation.)

.... Nous avons, ainsi que j'ai eu l'honneur de le dire tout à l'heure, 4 milliards 630 millions de tonnes transportées par les chemins de fer, à un prix inférieur de 14 à 15 centimes à celui du transport sur les routes ordinaires.

Cela fait près de 700 millions de bénéfice sur le frais de transport.

Vous avez 3 milliards 200 millions de voyageurs transportés à 1 kilomètre, ou 80 millions de voyageurs transportés moyennement à 40 kilomètres, et vous avez de ce chef 160 millions d'économie; de plus, ces 40 kilomètres sont parcourus en une heure environ, au lieu de quatre heures, temps du parcours par voiture. Par conséquent, il y a une économie de temps de 240 millions d'heures. qui ont bien une valeur.

On ne peut donc pas porter à moins de 1 milliard la valeur des avantages assurés au pays, et cela pour une longueur de 13,000 kilomètres. Après l'achèvement du réseau, ce chiffre atteindra 1 milliard 500 millions.

Mais je ne m'arrête pas là. Qu'est-ce que le Trésor reçoit directement des compagnies? L'État reçoit directement des chemins de fer des avantages de plusieurs natures.

D'abord, il reçoit l'impôt du dixième sur les voyageurs et sur les transports à grande vitesse.

On me dira peut-être : Cet impôt, on le perçoit sur les chemins de fer comme on le percevait sur les voitures. C'est vrai; mais il y a sur ce point une grande différence de produit.

En effet, j'ai entre les mains le chiffre donné par l'impôt du dixième sur les voitures depuis 1832, et je trouve que le maximum s'est élevé à 10 millions, tandis que, pour 1864, le chiffre de cet impôt, sur les chemins de fer, a atteint 25,600,000 francs, et que l'impôt sur les voitures a été dans la même année de 6 millions,

Les contributions foncières et des patentes représentent 2 millions; les abonnements au timbre pour les actions et obligations, 3,650,000 francs; le timbre des récépissés, 4,500,000 francs ; je passe les petits chiffres.

De plus, vous avez le service des postes ; ce service est fait gratuitement, tandis qu'il est payé à chers deniers en Angleterre. Les Compagnies, sur notre demande, ont évalué le chiffre de ce service, et elles l'ont fait, je dois le dire, sur des bases très-modérées. Ainsi, par exemple, un wagon appartenant à des particuliers, qui circule sur le chemin de fer, coûte 2 francs par kilomètre pour une distance inférieure à 200 kilomètres, et 1 fr. 50 c. pour une distance supérieure à 200 kilomètres. Les Compagnies n'estiment le transport des lourdes voitures des postes qu'à 1 franc par kilomètre ; c'est extrêmement modéré : ce n'est pas la moitié de ce que représenterait une diligence où des voyageurs auraient pris place. Il en est de même pour les compartiments que les Compagnies ont à fournir à l'administration des postes : c'est un compartiment ou deux, à volonté, et le prix en est fixé à 50 centimes. Or, deux compartiments donneraient 1 fr. 68 c., en les réservant pour les voyageurs.

Eh bien, avec ces évaluations si modérées, c'est 21,381,000 francs que les Compagnies auraient à recevoir si l'État ne s'était pas réservé le transport gratuit quant au service des postes. C'est là un bénéfice direct pour l'État.

Le transport des militaires représente 19 millions.

Les transports de l'administration des finances, près de 1 million.

Le transport des prisonniers, 525,000 francs.

Au total, nous arrivons à 92 millions, soit 7,440 francs par kilomètre, pour les 13,000 kilomètres de chemins en exploitation. Si j'applique ces chiffres aux 21,000 kilomètres du réseau concédé, je ne maintiendrai pas la proportion ; car il est évident que les nouvelles lignes n'ont pas autant d'importance que les anciennes, mais je crois qu'en ajoutant environ la moitié en sus, en ajoutant 40 ou 45 millions, on serait dans le vrai. On arriverait ainsi à 135 millions environ.

Ainsi donc les chemins de fer donneront à l'État 135 millions par an pour 1 milliard 800 millions de subvention, c'est-à-dire qu'outre tous les avantages qu'ils ont procurés au pays par le développement du commerce, de l'industrie, des revenus indirects, ils vont encore fournir à l'État 7 1/2 0/0 de la subvention qu'il leur a accordée.

Je crois qu'en présence de ces chiffres on peut dire, comme l'a dit avec tant de raison l'honorable **M. Émile Pereire**, que la construction des chemins de fer restera, au point de vue économique, l'œuvre la plus grande, la plus utile de ce siècle. (Très-bien ! très-bien ! — Applaudissements sur un grand nombre de bancs.)

———

ANNEXE No 2.

L'AGRICULTURE ET LES CHEMINS DE FER.

PAR M. JACQMIN,

Ingénieur des ponts et chaussées, directeur de l'exploitation des chemins
de fer de l'Est.

I. — TRANSPORT DES CÉRÉALES.

*Renseignements relatifs à la production et à la consommation
générale de la France.*

La moyenne de la production de la France en céréales,
pendant la période décennale de 1854 à 1863, a été de 95 millions d'hectolitres.

La moyenne de la consommation annuelle varie entre 86,
90 et 92 millions d'hectolitres.

Toutes les fois que la production est inférieure à 86 millions, il y a disette; toutes les fois que la production dépasse
92 millions, il y a excédant.

Depuis vingt ans, nous avons eu en France trois disettes :

En 1846, la production n'a été que de 60 millions d'hectolitres.
En 1855.   —   72   —
En 1861,   —   75   —

Le déficit, pendant ces trois années, n'a pu être comblé qu'avec les arrivages de l'étranger, qui nous a vendu :

    En 1846 . . . . 11 millions d'hectolitres.
    En 1855 10   —
    En 1861 12   —

mais, pour chacune de ces années, les choses ont suivi une marche bien différente :

En 1846. et même en 1855, les incertitudes que l'existence de l'échelle mobile faisait peser sur le commerce, l'absence d'un grand nombre de lignes de chemins de fer, ont singulièrement retardé l'arrivée de l'approvisionnement demandé à l'étranger; cet approvisionnement a mis plus de huit mois à nous parvenir, et les prix *moyens annuels* se sont élevés sur les marchés régulateurs à 32 fr. 80 c. l'hectolitre en 1846 et 1847; en 1855 et 1856, à 31 fr. 10 c. l'hectolitre.

A certains moments, la hausse a été bien plus considérable, et le prix s'est élevé à 40 et même à 45 francs.

En 1861, au contraire, la suppression de toute réglementation d'une part, et surtout l'existence d'un nombre considérable de voies de fer d'autre part, ont permis l'arrivée, en quelque sorte immédiate, de la quantité de céréales nécessaire à l'alimentation du pays, et, avant la fin de 1861, la France avait son approvisionnement d'un an au complet; aussi le prix de l'hectolitre demeurait-il partout inférieur à 30 francs.

Sans aucun doute, la sécurité assurée par la suppression de l'échelle mobile a pu activer des négociations entreprises à l'étranger, mais la certitude d'effectuer des transports dans presque toute la France à des prix invariables, et que nous allons faire connaître, doit entrer pour une très-grande part dans l'activité imprimée aux acquisitions de céréales faites dans les derniers mois de 1861.

Avant d'indiquer quelles sont les bases légales et les bases adoptées par les Compagnies, nous mentionnerons un seul fait qui montrera la différence entre la situation de 1847 et la situation actuelle.

En 1847, la ville de Vesoul, effrayée de l'élévation extraordinaire du prix des céréales, fit à Marseille deux achats de blé aux conditions ci-après :

Premier achat. — 1er février 1847.

Prix de l'hectolitre à Marseille . . . . . . Fr. 27 »
Prix de transport de Marseille à Vesoul . 14 75

Total. . . . . Fr. 41 75

Deuxième achat. — 10 mars 1847.

Prix de l'hectolitre à Marseille . . . . . Fr. 29 30
Prix de transport de Marseille à Vesoul . 14 »

Total. . . . . Fr. 43 30

Le prix de transport d'un hectolitre entre Marseille et Vesoul, sur une distance de 670 kilomètres, a atteint le chiffre énorme de 14 fr. 75 c., soit par tonne. . Fr. 174 » en ne comptant que 12 hectolitres par tonne.

Le prix actuel des chemins de fer de Paris à Lyon et à la Méditerranée et de l'Est, pour le même parcours, est de . . . . 33 55 soit *moins du cinquième du prix de 1847.*

On peut, à cette occasion, émettre un regret au sujet du mode d'appréciation des céréales à l'hectolitre; tous les transports s'évaluent à la tonne, et on suit mal la relation qui s'établit entre ces deux éléments constitutifs du prix définitif de la marchandise. En critiquant les prix réclamés par les Compagnies de chemins de fer, on oublie que ces prix concernent une unité qui représente 12 à 13 hectolitres ; les variations qui s'établissent d'un marché à l'autre représentent la valeur d'un transport sur une distance considérable.

II. — Prix fixés par les cahiers des charges pour le transport des céréales.

Le cahier des charges accepté par toutes les Compagnies de chemins de fer contient, pour les céréales, les désignations suivantes :

Blés, grains, farines, légumes farineux, riz, maïs, châtaignes et autres denrées alimentaires non dénommées.

Toutes ces marchandises sont rangées dans la deuxième classe et taxées, par conséquent, 0 fr. 14 c. par tonne et par kilomètre.

Les frais accessoires de chargement et de déchargement sont fixés, chaque année, par le ministre des travaux publics à 1 fr. 50 c. par tonne.

Mais le transport des céréales a pour le pays une importance telle, que le gouvernement s'est réservé, pour cette nature de marchandises, un droit spécial et exceptionnel, celui de réduire de moitié, c'est-à-dire à 0 fr. 07 c. par tonne et par kilomètre, le prix du transport, quand le blé atteindrait un prix élevé.

Cette exception est formulée de la manière suivante :

Art. 42. — « ..... Dans le cas où le prix de l'hectolitre de blé s'élèverait, sur le marché régulateur de .... à 20 francs et au-dessus, le gouvernement pourra exiger de la Compagnie que le tarif du transport des blés, grains, riz, maïs, farines et légumes farineux, péage compris, ne puisse s'élever, au maximum, qu'à 0 fr. 07 c. par tonne et par kilomètre. »

Le marché régulateur, désigné dans plusieurs cahiers des charges, est celui de Gray.

Le gouvernement a fait usage de cette faculté, une seule fois, le 26 septembre 1861; mais on peut dire qu'elle était pour ainsi dire sans objet, en présence des prix perçus par les Compagnies, non-seulement aux époques pendant lesquelles on pouvait redouter la cherté des subsistances, mais en tout temps et sans aucune restriction.

III. — TARIFS PERÇUS PAR LES COMPAGNIES DE CHEMINS DE FER.

Les Compagnies de chemins de fer sont toutes entrées dans la voie des plus larges abaissements de tarifs, mais elles n'ont pu le faire d'une manière uniforme; chacune d'elles a dû tenir compte des conditions générales d'établissement de son réseau en plan et en profil, de la concurrence des voies navigables parallèles, des détours souvent considérables que la marchandise avait à faire pour emprunter la voie de fer, du sens général du mouvement des wagons à charge ou à vide, etc., etc. Une règle invariable se prêterait très-mal aux exigences si diverses du commerce, et ce n'est qu'au prix de nombreuses combinaisons que les Compagnies, enlacées d'ailleurs par une réglementation chaque jour plus étroite, ont pu créer le mouvement commercial qui existe aujourd'hui.

Nous analyserons aussi succinctement que possible les tarifs généraux ou spéciaux publiés par chaque Compagnie, en rappelant que les tarifs généraux s'appliquent habituellement au réseau tout entier, et que les tarifs spéciaux ne concernent que des parcours déterminés; les uns et les autres peuvent être à bases kilométriques égales ou décroissantes ou à prix fermes.

La presque totalité des céréales s'expédie aux prix des tarifs spéciaux, toujours plus bas que les prix des tarifs généraux, et ce n'est que dans les circonstances tout à fait exceptionnelles que le public réclame l'application de ces derniers, qui garantissent un délai plus court que les délais stipulés par les tarifs spéciaux.

TRANSPORT DES CÉRÉALES.

§ 1er. — *Par tarifs généraux.*

1' Réseau de l'Est.

(4e série, quel que soit le poids de l'expédition.)
0 fr. 08 c. par tonne et par kilomètre, jusqu'à 200 kilomètres ;
0 fr. 07 c. — — de 201 à 300 kilomètres, avec un minimum de taxe de 16 francs par tonne ;
0 fr. 06 c. — — au-dessus de 300 kilomètres, avec un minimum de taxe de 21 fr. par tonne.

Frais accessoires, 1 fr. 50 c. par tonne.

2' Réseau du Nord.

(4e série, quel que soit le poids de l'expédition.)
0 fr. 10 c. par tonne et par kilomètre, jusqu'à 200 kilomètres ;
0 fr. 07 c. -- — pour les kilomètres en sus, les 200 premiers payant 0 fr. 10 c.

Frais accessoires, 1 fr. 50 c. par tonne.

3° Réseau de l'Ouest.

(4e série, quel que soit le poids de l'expédition.)

Prix fermes entre toutes les stations du réseau, établis d'après des bases d'une variation difficile à déterminer, à moins d'opérer sur chaque point de départ.

La base peut être considérée comme étant de 0 fr. 10 c. par tonne et par kilomètre, lorsqu'il n'y a pas de détour par chemin de fer depuis le point de départ jusqu'au point de destination. Lorsqu'il y a un détour, la base varie et descend jusqu'à 0 fr. 055.

Frais accessoires, 1 fr. 50 c. par tonne.

4° Réseau d'Orléans.

(3e série, quel que soit le poids de l'expédition.)

Prix fermes entre toutes les stations du réseau, établis d'après des bases différentielles difficiles à déterminer, à moins d'opérer sur chaque point de départ.

En prenant Paris (Ivry) comme point de départ ou de destination, on a les bases suivantes :

1° *Au départ de Paris (Ivry).*

Jusqu'à Amboise exclusivement . . 207 kilomètres . . à 0 fr. 10
Au-delà d'Amboise jusqu'à Bordeaux, 209 à 577 k. 0 fr. 10 à 0 fr. 08

2° *A l'arrivée à Paris (Ivry). — Pour les expéditions à destination de Paris.*

La Compagnie d'Orléans perçoit 0 fr. 10 c. depuis Châtellerault, qui est à une distance de 298 kilomètres.

Des stations au-delà de Châtellerault et jusqu'à Bordeaux, la base varie de 0 fr. 10 c. à 0 fr. 08 c. par tonne et kilomètre.

5° Réseau de Lyon.

(4e série, quel que soit le poids de l'expédition.)

Prix fermes entre toutes les stations du réseau, d'après des bases d'une variation difficile à déterminer, à moins d'opérer sur chaque point de départ.

En prenant Paris comme point de départ ou de destination, on trouve les bases suivantes :

De ou pour toutes les stations jusqu'à Chalon (352 kilomètres), 0 fr. 08 par tonne et kilomètre ;

De ou pour toutes les stations au-delà de Chalon à Lyon et de Lyon à Valence (390 à 617 kilomètres), base variant de 0 fr. 08 c. à 0 fr. 07,6 par tonne et kilomètre ;

De ou pour les stations au delà de Valence jusqu'à Marseille et Cette (626 à 865 kilomètres), base variant de 0 fr. 07 c. à 0 fr. 06,2 par tonne et kilomètre.

Frais accessoires, 1 fr. 50 c. par tonne.

6° Réseau du Midi.

(3° série, quel que soit le poids de l'expédition.)

Prix ferme entre toutes les stations, comme sur les lignes d'Orléans, de Lyon et de l'Ouest.

En prenant Bordeaux comme point de départ ou de destination, les bases perçues sont les suivantes :

De ou pour toutes les stations situées à 50 kilomètres, 0 fr. 14 c. à 0 fr. 07 c. par tonne et kilomètre ;

De ou pour toutes les stations situées à plus de 50 kilomètres, 0 fr. 07 c. à 0 fr. 05,9 par tonne et kilomètre.

Frais accessoires, 1 fr. 50 c. par tonne.

§ 2. — *Par tarifs spéciaux.*

1° Réseau de l'Est.

Pour les parcours jusqu'à 200 kilomètres . . . . (0 fr. 08 c. par tonne et par kilomètre, sans que la taxe puisse être supérieure à 14 francs par tonne.

Pour les parcours de plus de 200 kilomètres jusqu'à 300. . { 0 fr. 07 c. par tonne et kilomètre, sans que la taxe puisse être supérieure à 18 francs par tonne.

Pour les parcours de plus de 300 kilomètres jusqu'à 500. . { 0 fr. 06 c. par tonne et kilomètre, sans que la taxe puisse être supérieure à 20 francs par tonne.

Pour les parcours de plus de 500 kilomètres . . . . . . { 0 fr. 05 c. par tonne et kilom.

Frais accessoires. 1 franc par tonne.

Les bases ci-dessus sont appliquées sur tous les parcours autres que ceux favorisés de prix fermes établis d'après des bases bien plus réduites; ces parcours sont nombreux, ainsi que cela résulte du tarif spécial P. V. n° 4 relatif au transport des céréales.

Ainsi de Paris à Meaux et autres stations d'une certaine importance, situées au delà vers Givet, Longuyon et Nancy, 43 à 352 kilomètres de parcours, il y a des prix fermes qui laissent des bases de 0 fr. 04,9 à 0 fr. 03,84

De Paris aux stations de la ligne de Mulhouse, vers Coulommiers, Gray et Vesoul, les prix fermes laissent des bases de 0 fr. 05,75 à 0 fr. 04,35.

De Meaux, la Ferté-sous-Jouarre, Château-Thierry, Épernay et Reims, aux principaux points jusqu'à Strasbourg et Mulhouse, les prix fermes donnent des bases de 0 fr. 05 c. à 0 fr. 03, et même 0 fr. 02,77.

De Châlons-sur-Marne à Vitry-le-Français, Bar-le-Duc, Sorcy, Nancy, Épinal, Remiremont, Saint-Dié, Gray et Montereau, il y a également des prix fermes pour un certain nombre de points, dont les bases sont aussi réduites que celles indiquées ci-dessus au départ de Meaux, la Ferté-sous-Jouarre, etc., etc., et qui varient entre 0 fr. 05 c. à 0 fr. 02,75.

2° Réseau du Nord.

(Expédition d'au moins 5,000 kilogrammes.)

Prix de la sixième série du tarif général, avec un maximum de taxe de 12 francs par tonne.

Les bases d'après lesquelles sont calculés les prix de cette série sont les suivantes, par tonne et par kilomètre :

```
Jusqu'à  10 k. . . . . . . . . . . . . . . . . . . 0f 10, soit pr  10 k.  1f,00
  11 à   70 — (en prenant 1 fr. pour les 10 1ers), 0f,07   —    70 —  5f,20
  71 à  160 —       —        5f,20   —   70 —  0f,05   —   160 —  9f,70
 161 à  240 —       —        9f,70   —  160 —  0f,04   —   240 — 12f,90
```

Frais accessoires, 1 franc par tonne.

Le maximum de taxe de 12 francs par tonne comprend les frais de chargement, de déchargement et de gare, de sorte que c'est réellement 11 francs que l'on doit prendre pour taxe maxima de transport. Cette taxe répond au prix de la sixième série pour 193 kilomètres, et laisse une base kilométrique de 0 fr. 05,7 Il s'ensuit que de 194 kilomètres à 325 kilomètres, la plus grande longueur du chemin du Nord (de la Chapelle à Calais), la base varie de 0 fr. 05,7 à 0 fr. 03,384 par tonne et par kilomètre.

3° Réseau de l'Ouest.

(Quel que soit le poids de l'expédition.)

```
Jusqu'à     100 kilom. 0 fr. 09 minimum de taxe, 1 fr. p. tonne
De 101 à 200   —    0 »  08        —         9 »   —
De 201 à 300   —    0 »  06        —        14 »   —
Au-dessus de 300 —  0 »  05        —        18 »   —
```

Frais accessoires, 1 franc par tonne.

La Compagnie applique, sur un assez grand nombre de parcours, des prix fermes établis d'après des bases inférieures à celles indiquées ci-dessus.

Ainsi, de Batignolles pour les points ci-après, les prix sont fixés comme suit :

		Fr.		Fr. C.
Rouen . . . . 134 kilomèt.		5,75	base	0,03,544
Le Havre 226	—	8,50	—	0,03,318
Dieppe 198	—	7,50	—	0,03,277
Honfleur 230	—	10,00	—	0,03,913
Caen 237	—	14,00	—	0,05,485

Pour Batignolles les prix sont les suivants :

		Fr.			Fr. C.
De Gaillon . . . . 91 kilomètres		6	»	base	0,05,494
Rouen 134	—	8	»	—	0,05,223
Le Havre 226	—	10	»	—	0,03,982
Honfleur 230	—	10	»	—	0,03,913
Caen 237	—	14	»	—	0,05,485

4° Réseau d'Orléans.

(Quel que soit le poids de l'expédition, tarif spécial D n° 21.)

Jusqu'à	100 kilom.	0 fr. 08.		
De 101 à 250	—	0 » 06	minimum de taxe,	8 fr. p. tonne.
De 251 à 400	—	0 » 05	—	15 » —
Au-dessus de 400	—	0 » 04	—	20 » —

Frais accessoires, 1 fr. 50 c. par tonne.

Au départ d'une station quelconque comprise entre Orléans, Châtellerault et Saint-Nazaire, pour une station de la section de Port-Boulet à Saint-Nazaire *à la descente de la Loire*, la base est de 0 fr. 04 c. par tonne et kilomètre, plus 1 franc par tonne de frais accessoires.

La Compagnie d'Orléans favorise, en outre, certains parcours de prix fermes laissant des bases kilométriques moindres que celles de 0 fr. 08 c., 0 fr. 06 c. et 0 fr. 05 c. indiquées ci-dessus. Ces parcours sont très-nombreux, ainsi que le montre la nomenclature suivante :

			Fr. C.	Fr. C.
1° De Penne à Bordeaux	253 kil.	10 »	base	0,03,557
2° De Quimper et de Châteaulin. à . . . et *vice versâ*. (Les distances sont de Châteaulin.)	Bordeaux . .	827 —	21 50 —	0,02,478
	Agen	1003 —	25 » —	0,02,392
	Montauban .	1150 —	30 » —	0,02,521
	Rodez . . .	1083 —	30 » —	0,02,677
	Toulouse . .	1172 —	31 » —	0,02,559
3° De Nantes et St.-Nazaire à . . . . et *vice versâ*. (Les distances sont de Saint-Nazaire.)	Redon . . .	67 —	4 » —	0.04,477
	Lorient. . .	175 —	8 » —	0,04
	Quimper . .	240 —	9 » —	0,03,333
	Napoléonville	195 —	8 » —	0,03,589
	Châteaulin .	271 —	10 » —	0,03,321
	Arnage. . .	349 —	14 » —	0,03,724
4° De Napoléonville à et *vice versâ*.	Bordeaux . .	751 —	21 50 —	0,02,726
	Agen	927 —	25 » —	0,02,588
	Montauban .	1074 —	30 » —	0,02,7
	Rodez. . .	1008 —	30 » —	0,02,876

5° Réseau de Lyon.

(Expédition d'au moins 500 kilogrammes. — Tarif spécial n° 1.)

Les bases perçues sur ce réseau sont les suivantes :

1° Section de Paris à Lyon (Vaise) et ses embranchements :

Jusqu'à 50 kilomètres, 0 fr. 06 c.; minimum de taxe, 2 francs par tonne; au-dessus de 50 kilomètres, 0 fr. 04 c.; maximum de taxe, 30 francs par tonne, pour les expéditions de ou pour Marseille, Cette, Aix et Alais.

2° Sections de Lyon (Vaise) à la Méditerranée et embranchements de Mâcon à Genève, de Lyon à Moret, par Nevers et embranchements:

Jusqu'à 50 kilomètres, 0 fr. 07 c.; minimum de taxe, 2 fr. 50 par tonne; au-dessus de 50 kilomètres. 0 fr. 05 c.; maximum de taxe, 30 francs par tonne, pour les expéditions de Marseille, Cette, Aix et Alais à une station quelconque de la section de Paris à Lyon (Vaise), et *vice versâ*.

3° Section de Mouchard à Bourg :

0 fr. 07 c. par tonne et par kilomètre.

Frais accessoires sur toutes les sections, 1 fr. 50 c. par tonne.

Sur la ligne de Lyon à Grenoble, l'embranchement de Rives à Saint-Rambert-d'Albon, la ligne de Valence à Chambéry, la Compagnie de Lyon applique les prix de la sixième série de son tarif général. Ces parcours sont sans importance.

6 Réseau du Midi.

(Quel que soit le poids de l'expédition. — Tarif spécial n° 7.)

1° D'une station quelconque des sections.

De Bordeaux à Bayonne, de Lamothe à Arcachon et de Morcenx à Bagnères-de-Bigorre à une autre station des mêmes sections ;

De Toulouse à Montréjeau et de Port-Saint-Simon à Foix à une autre station des mêmes sections ;

De Narbonne à Perpignan à une autre station de la même section ;

D'Agde à Lodève à une autre station de la même section ;

0 fr. 08 c. par tonne et par kilomètre.

sans que la taxe, frais de manutention compris, puisse excéder :

		FR. C.	FR. C.
De Bordeaux à Bayonne...	198 kilomètres	16 »	0,07,57
— à Castelnau..	204 —	11 75	0,05,27
De Dax à Bayonne.......	51 —	2 50	0,03
De Foix à Perpignan......	289 —	20 »	0,06,55
— à Béziers.........	254 —	17 »	0,06,3
— à Narbonne......	228 —	15 »	0,06,1
— à Lézignan.......	206 —	13 »	0,06

2° D'une station quelconque de la section de Pau à Bayonne
et de Puyoo à Dax à une autre station de la même section.

Jusqu'à 30 kilomètres...   0 fr. 08 c.
Au-dessus de 30 —   ...   0 fr. 07 c.
Maximum de taxe de Bayonne à Pau..... 100 kilom. 8   » 0,07
                    —   à Orthez...   62   —   5 » 0,06,6
                    —   à Peyrehorade 30   —   2 50 0,05

Il y a, en outre, un prix ferme de 27 francs par tonne,
plus les frais de manutention, de Cette et de la Peyrade à
Bayonne, 677 kilomètres, et Mont-de-Marsan, 626 kilomètres
(bases 0 fr. 04 c. et 0 fr. 04,33).

Sur les parcours qui ne bénéficient pas du présent tarif
spécial, ce sont les prix du tarif général, troisième série,
qui sont appliqués.

La nomenclature qui précède est bien aride, mais elle
montre que toutes les Compagnies ont étendu au transport
des céréales les tarifs les plus bas. Sur tous les réseaux, on
trouve les taxes de 6, 5 et 4 centimes, souvent même celles
de 0 fr. 03 c. et de 0 fr. 02,5; on ne saurait évidemment
aller au delà.

Ajoutons encore que si l'on suit la longue nomenclature
des tarifs à prix faits, on trouve partout des prix de 4, 5, 6,
8 ou 10 centimes par tonne, c'est-à-dire des prix qui
représentent 0 fr. 003, 0 fr. 004, 0 fr. 005, 0 fr. 007,
0 fr. 008 par hectolitre, c'est-à-dire une bien faible fraction de la valeur d'une marchandise soumise à des oscillations qui dépassent de beaucoup le prix de transport. Dans
les moments de panique, on a vu des oscillations de 4 à 5
francs par hectolitre d'un marché à l'autre ; 5 francs par
hectolitre représentent 60 francs par tonne ; pour ce prix,
on expédierait des céréales de Dunkerque à Nice par chemins
de fer.

IV. — Quantités de céréales transportées par les chemins de fer français pendant une période de cinq années.

Nous groupons dans un même chiffre les renseignements fournis par les Compagnies dans les comptes rendus annuels ; la division adoptée pour les grains, graines, farines, n'étant pas la même pour les divers réseaux, on ne peut faire de comparaison que sur les chiffres totaux.

DÉSIGNATION DES CHEMINS.	1860.	1861.	1862.	1863.	1864.
	T.	T.	T.	T.	T.
Nord....................	160,000	270,000	210,000	232,000	181,000
Est....................	269,000	356,000	412,600	413,000	507,431
Orléans................	347,000	392,000	376,000	412,000	385,000
Ouest..................	»	468,000	313,000	346,000	346,000
Paris-Lyon-Méditerranée...	630,000	819,000	813,000	883,000	849,000
Midi....	462,000	429,000	434,000	421 000	449,000
Totaux........	»	2,434,000	2,258,000	2,407,000	2,384,431

En prenant les années pour lesquelles nous avons pu réunir des documents complets, on trouve que les chemins de fer ont transporté :

En 1861, 2,434,000 tonnes représentant 30,425,000 he
En 1862, 2,258,000   —   28,225,000   —
En 1863, 2,407,000   —   30,087,000   —
En 1864, 2,381,000   —   29,762,000   —

Comparées à la consommation générale de la France, ces quantités représentent plus du tiers de la consommation totale, et, si du chiffre de cette dernière, on défalquait les quantités consommées sur place, on arriverait à cette conclusion que les chemins de fer transportent la plus grande partie des céréales nécessaires à l'alimentation du pays à des conditions de prix presque sans influence sur la valeur de la marchandise.

V. — Transport des engrais et des amendements.

Si l'enquête de 1859 a révélé l'existence, dans notre pays et à cette époque, d'opinions très-différentes sur la nature et l'importance des modifications à introduire dans l'ancienne législation sur les céréales, il n'en est pas de même en ce qui concerne les engrais et les amendements. A cet égard, toutes les déclarations sont unanimes; la quantité d'engrais dont dispose le pays est insuffisante, ou au moins on ne recherche pas assez les moyens d'utiliser ceux que l'on possède ; la culture est dirigée dans une voie mauvaise; tous les frais de culture sont des frais de main-d'œuvre ; on travaille, on bouleverse incessamment le sol, et on ne songe pas à lui restituer par l'engrais ou par l'amendement les éléments qu'emportent les récoltes, etc., etc.

Ces doléances étaient fondées ; elles le sont encore sur bien des points. On ne sait pas assez que le seul moyen de dépenser peu par hectolitre est de dépenser beaucoup par hectare. Ce qu'il faut avant tout à l'agriculture, ce sont des engrais : les chemins de fer n'ont rien négligé pour assurer le développement des transports de ces substances si précieuses. Toutes les Compagnies ont étudié les combinaisons les plus propres à assurer la répartition des engrais et des amendements sur tout le territoire de l'empire; mais une des choses qui manquent à l'agriculture, c'est de savoir se servir des chemins de fer, c'est de savoir acheter des engrais là où ils sont à bas prix, c'est de savoir, enfin, s'affranchir des intermédiaires qui absorbent souvent, sous les titres les plus divers, commission, prime, affranchissement, débours, etc., une part considérable de la valeur de la marchandise, et qui rendent souvent stériles les abaissements de tarifs spontanément consentis par les Compagnies. Nous ne citerons qu'un exemple de cette influence désastreuse des intermédiaires : en ce moment même, le bétail sur pied se vend très-mal, la viande reste chère ; dans quelles mains reste la différence?

Prix stipulés aux cahiers des charges des Compagnies.

Le cahier des charges, accepté par toutes les Compagnies en 1859, range dans la troisième classe, c'est-à-dire dans les marchandises transportées à 0 fr. 10 c. par tonne et par kilomètre, les marchandises ci-après : *marnes, cendres. fumiers et engrais, pierres à chaux et à plâtre. argiles,* c'est-à-dire toutes les substances qui peuvent être employées, soit comme engrais, soit comme amendements.

Lorsque les conventions de 1859, passées entre l'État et les Compagnies, furent revisées en 1863, les Compagnies acceptèrent la création d'une quatrième classe contenant les marnes, cendres, fumiers, engrais, pierres à chaux et à plâtre, et spécifiant les prix ci-après :

```
                        FR. C.
Jusqu'à 100 kil... 0,08 par tonne et kilom. avec maximum de  5 fr.
De 101 à 300 kil.. 0,05         —               —           12  »
Au-dessus de 300 k. 0,04        —               —            »   »
```

Mais, ainsi que nous allons le voir, les Compagnies avaient depuis longtemps devancé les désirs du gouvernement, et mis à la disposition du public des tarifs très-inférieurs à ceux stipulés dans la nouvelle quatrième classe.

Tarifs généraux perçus par les Compagnies.

Comme tarifs généraux, les Compagnies ont, pour la plupart, adopté la quatrième classe que nous venons de faire connaître ; mais on peut dire que jamais ces tarifs généraux ne sont appliqués, le commerce réclamant toujours le bénéfice des tarifs spéciaux, pour lesquels les Compagnies ont, en échange de grands abaissements de prix, spécifié une certaine latitude dans les délais de transport.

Sous le nom d'*engrais*, les Compagnies acceptent le guano, la poudrette, l'engrais humain (dans des conditions particulières), le noir animal, les os, les cornailles, les débris d'équarrissage, les chiffons de laine, les tourteaux, les résidus de la raffinerie et de la distillerie;

Sous le nom d'*amendements*, les marnes, les argiles, les pierres à plâtre et à chaux, la chaux et le plâtre, les cendres et charrées, les cendres pyriteuses ou sulfureuses, les engrais de mer, les phosphates de chaux fossiles ou coprolithes.

Toutes ces marchandises sont réunies partiellement dans divers tarifs qui comprennent quelquefois d'autres désignations; il en résulte une impossibilité absolue de faire des comparaisons statistiques. Ainsi, la pierre à plâtre est taxée de même, qu'elle soit destinée à l'agriculture ou au bâtiment; la terre à brique est quelquefois confondue avec la marne. On ne peut qu'étudier les renseignements publiés par chaque Compagnie, sans faire des comparaisons qui manqueraient d'un point de départ certain.

Tarifs spéciaux publiés par chaque Compagnie.

1° Réseau de l'Est.

Tarif spécial n° 36. — Applicable sur tout le réseau et au départ de toutes les stations ouvertes au service de la petite vitesse.

Engrais, déchets, plâtres, etc.

Jusqu'à 300 kilomètres, 0 fr. 05 c. par tonne et par kilomètre, avec un minimum de taxe de 2 francs et un maximum de 12 francs; au-delà de 300 kilomètres, 0 fr. 04 c.

Ce tarif diffère du tarif général en ce que la base de 0 fr. 08 c. est remplacée par celle de 0 fr. 05 c.

Tarif spécial n° 18. — Plâtres et cendres pour engrais.

Ce tarif spécial, établi au départ de la Villette, Noisy-le-Sec, Gagny, Chelles, Lagny, Esbly, Nanteuil, Nogent-l'Artaud, Château-Thierry, Varennes, Dormans, Rosny et Nogent-sur-Marne, contient des prix très-réduits qui ont été calculés d'après les bases suivantes :

1° Pour les parcours jusqu'à 250 kilomètres, 0 fr. 02 c. à 0 fr. 03,5 par tonne et par kilomètre, sans dépasser le prix de 5 francs par tonne ;

2° Pour les parcours de plus de 250 kilomètres, 0 fr. 02 c. par tonne et par kilomètre.

Tarif spécial n° 20. — Guano, déchets de boucherie, déchets de tannerie, engrais de mer, boues, fumier, poudrette ou matières liquides, poudrette solide, engrais non dénommés.

Ce tarif est applicable, au départ de Paris, Gray et Laon, pour toutes les destinations du réseau.

Les prix sont fixés comme suit :

	FR. C.	
Jusqu'à 100 kil., maximum 4 fr. par tonne.	0, 05	par tonne et
Au-dessus de 200 kil. jusqu'à 200, maximum 5 francs par tonne	0, 4	kilomètre.
Au-dessus de 200 kilomètres	0, 025	

Ce tarif consacre une nouvelle réduction sur la quatrième classe ; à partir de 200 kilomètres, les bases de 5 et de 4 centimes sont réduites à *deux centimes et demi*. Il n'est applicable qu'au départ des gares de Paris, Laon et Gray, c'est-à-dire des gares qui peuvent recevoir le guano des ports de la Manche et de la Méditerranée.

Au départ de Paris, le tarif n° 20 permet l'expédition des engrais liquides dans des wagons-citernes fournis par les expéditeurs ; la taxe est de *deux centimes et demi par kilomètre* pour toute destination.

Entrepris par la maison Gargan et C⁰, ces transports prennent une grande extension; les matières liquides sont portées dans des citernes ou réservoirs construits déjà dans un certain nombre de stations de la Champagne et de la Brie, et les agriculteurs viennent les acheter au détail. Ces engrais vont, en ce moment, jusqu'à Mourmelon, c'est-à-dire à 200 kilomètres de Paris.

Tarif n⁰ 20 *bis*. — Transport des cendres au départ de certaines stations de l'Alsace.

De tout temps, les habitants du versant oriental des Vosges ont été chercher dans les villes d'Alsace des cendres pour leurs prairies. La Compagnie de l'Est a voulu étendre cette facilité à toutes les communes du versant lorrain des Vosges; le tarif n° 20 *bis* stipule, au départ de Wesserling, Mulhouse, Colmar, Schlestadt, Strasbourg et Saverne, des prix fermes pour Remiremont, Bains, Aillevilliers-Plombières et Saint-Dié, calculés à raison de *trois centimes, deux centimes et demi* et même *deux centimes*.

Tarif n⁰ 20 *ter*. — Cendres sulfureuses pour engrais.

Il existe dans la plaine comprise entre Soissons, Laon, Reims, Charleville et Sedan des gisements de cendres pyriteuses ou sulfureuses qui ont sur certains sols une action très-énergique; la Compagnie de l'Est a établi, au départ de toutes les stations situées dans le périmètre dont nous venons de définir les sommets, un tarif à *deux centimes*, en destination de toutes les gares situées vers Givet, d'une part, vers Nancy, Metz et Forbach, d'autre part.

Tarif n⁰ 21 *bis*. — Cendres pour engrais.

Applicable sur tout le réseau avec distances supérieures à 100 kilomètres.

Tarif n° 24. — Coprolithes ou phosphates de chaux pour engrais.

Le département des Ardennes et celui de la Meuse contiennent des gisements de phosphates de chaux fossiles dont l'exploitation se développe chaque jour; les tarifs établis au départ de toutes les stations dans lesquelles des gisements ont été signalés, stipulent des bases d'environ 0 fr. 03 c., et, grâce à des concessions faites par la Compagnie d'Orléans, ces substances se répandent dans le centre de la France, et notamment dans la Sologne.

2° Réseau du Nord.

Engrais par wagon complet, tarif spécial P.V. n° 18, au départ de Paris (la Chapelle), Argenteuil, Beauvais et Laon.

Prix de la sixième série, dont les bases varient entre 0 fr. 10 c. et 0 fr. 04,6, sans dépasser les taxes maxima suivantes :

7 francs par tonne pour Soissons, Saint-Quentin, la Fère, et stations intermédiaires, c'est-à-dire 0 fr. 04,6, pour le point le plus éloigné de Paris, qui est Saint-Quentin ;

8 francs par tonne pour Laon, Cambrai, et stations intermédiaires entre Saint-Quentin et Cambrai, c'est-à-dire 0 fr. 04 c. pour le point le plus éloigné de Paris, qui est Cambrai ;

10 francs par tonne pour tous les autres points de la ligne, c'est-à-dire 0 fr. 03 c. pour le point le plus éloigné de Paris, qui est Calais.

Quant au plâtre (le Nord n'a pas, comme l'Est, la désignation de plâtre pour engrais), il est transporté, d'après le tarif spécial P. V. n° 7, au départ de la Chapelle, Argenteuil, Beauvais, Creil, Compiègne et Noyon, au prix de la sixième série.

Les bases sont conséquemment les mêmes que pour l'engrais, mais il y a une taxe maxima de 6 fr. 60 c. par tonne qui, au départ de la Chapelle, laisse 0 fr. 06,6 c. à 0 fr. 03,3 de 100 à 200 kilomètres, et 0 fr. 03,3 c. à 0 fr. 02 c. de 201 à 325 kilomètres, la plus longue distance.

3° **Réseau de l'Ouest.**

Engrais. — Tarif spécial P. V. n° 10.
Plâtre   —   P. V. n° 12.

1° *Engrais par wagon complet.*

	FR. C.		
Jusqu'à 75 kilomètres	0, 07 ;	minimum de taxe, 2 fr. par tonne.	
De 76 à 150 —	0, 05	—	5 fr. 25 c. —
Au-dessus de 150 —	0, 04		

De Saint-Malo aux stations vers Rennes, 0 fr. 04 c.

La Compagnie de l'Ouest applique, sur divers parcours, des prix fermes plus réduits que ceux obtenus au moyen des bases ci-dessus.

		FR. C.
Ainsi du Havre et de Dieppe à Rouen, 81 et 61 kil.		0, 04
de Batignolles à Mantes, 56 kil..............		0, 04
— Rouen, 134 kil...............		0, 03

De Vaugirard à Maintenon, Chartres, la Loupe, Sablé, Rennes, Redon, Lamballe, Saint-Brieuc et Guingamp, la base varie de 0 fr. 04 c. 0 fr. 03 c.

2° *Plâtre par wagon complet.*

Mêmes bases que ci-dessus.

Des prix fermes sont perçus au départ d'Argenteuil, de

Batignolles, de Vaugirard et de Triel pour les points principaux de la ligne, avec des bases de 0 fr. 05 c. à 0 fr. 02,5.

4° Réseau d'Orléans.

2° Plâtre par wagon complet.

Engrais et plâtres par wagon complet, tarif spécial D. n° 17.

1° *Engrais.*

FR. C.
Jusqu'à 200 kil... 0, 05 ; minimum de taxe, 2 fr. 50 c. par tonne.
De 201 à 400 kil.. 0, 04 c.   —   10 francs   —
Au-dessus de 400 k. 0, 03,5   —   16 francs   —

2° *Plâtre.*

Pour le plâtre, il y a des prix fermes au départ de Paris pour tous les points d'une certaine importance, dont les bases varient de 0 fr. 04,66 à 0 fr. 02 c.

			FR. C.
Ainsi, pour Orléans..	120 kilomètres, on perçoit		0, 04,66
pour Blois....	177	—	0, 03,87
pour Tours ...	233	—	0, 03,43
pour Bordeaux.	577	—	0, 02

3° *Guano.*

La Compagnie d'Orléans applique un tarif au guano au départ de Saint-Nazaire, Nantes, Bordeaux, la Rochelle et Rochefort (Charente), avec des prix fermes inférieurs à ceux qui résultent des bases réduites de 8, 5 et 4 centimes, prévues par la quatrième classe du tarif général.

5° **Réseau de Paris à Lyon-Méditerranée.**

Engrais par wagon complet. — Tarif spécial n° 34.
Plâtre   —   —   n° 31.

1° *Engrais.*

	FR. C.	
Jusqu'à 100 kil....	0, 06;	maximum de taxe, 5 fr. par tonne.
De 101 à 200 kil...	0, 05	— 8 » —
Au-dessus de 200 k.	0, 04	

2° *Plâtre.*

	FR. C.	
Jusqu'à 50 kil...	0, 06	
De 51 à 100 kil...	0, 05;	minimum de taxe, 3 fr. par tonne.
De 101 à 150 kil...	0, 05	— 5 fr. —
Au-dessus de 150 k.	0, 03	— 6 fr. —

De Paris (Bercy) et de Charenton, il y a des prix fermes à bases plus réduites pour Auxerre, Saint-Florentin, Tonnerre, Montbard.

Ainsi, pour :		FR.		FR. C.		FR. C.
Auxerre. . . .	174 kil.,	4 »	on perçoit	0,02,3	au lieu de	0,03
Saint-Florentin.	172 —	4 »	—	0,02,3	—	0,03
Tonnerre. . . .	196 —	5 »	—	0,02,6	—	0,03
Montbard. . . .	242 —	6 »	—	0,02,48	—	0,03

Ainsi, dans toutes les Compagnies de l'Est, du Nord, de l'Ouest, d'Orléans, de Paris à Lyon et à la Méditerranée, nous voyons les taxes s'abaisser et atteindre des limites de *trois centimes*, de *deux centimes et demi* et même de *deux centimes*, dans des directions où les besoins de l'agriculture se sont révélés et au-devant desquels même on peut dire que les tarifs ont été établis.

Quantités d'engrais transportées par les Compagnies.

Ainsi que nous l'avons dit, il est impossible de comparer les chemins entre eux, à cause de la différence de leurs nomenclatures statistiques. Nous ne pouvons citer que quelques chiffres.

1° Réseau de l'Est.

Cendres, déchets, engrais, noir animal, os bruts.

Année 1862	. . . . . .	39,000	tonnes.
— 1863	. . . . . .	46,000	—
— 1864	. . . . . .	69,000	—

Sur l'Est, les plâtres, chaux et marnes sont confondus avec les argiles, briques, sables, terres et tuiles qui comprennent un tonnage total de :

Année 1862	. . . . . .	169,000	tonnes.
— 1863	. . . . . .	186,000	—
— 1864	. . . . . .	375,000	—

2° Réseau d'Orléans.

Engrais de toute nature.

Année 1861	. . . . . .	64,000	tonnes.
— 1862	. . . . . .	87,000	—
— 1863	. . . . . .	75,000	—
— 1864	. . . . . .	74,000	—

Plâtres en pierres et en poudre.

Année 1861	. . . . . .	89,000	tonnes.
— 1862	. . . . . .	88,000	—
— 1863	. . . . . .	87,000	—
— 1864	. . . . . .	93,000	—

3° **Réseau de l'Ouest**

Engrais.

Année 1861	43,000	tonnes.
— 1862.	48,000	—
— 1863.	53,000	—
— 1864.	58,000	—

VI. — Transports effectués par les chemins de fer pour l'agriculture.

Nous sortirions du cadre du présent travail, en recherchant la part que les chemins de fer peuvent revendiquer dans le développement général de l'agriculture en France depuis plusieurs années; nous mentionnerons seulement, pour mémoire, les tarifs adoptés par toutes les Compagnies pour le transport des marchandises ci-après :

Foin et paille;

Pâtes et farines alimentaires, fécules;

Houblons et bières;

Betteraves, pulpes, alcools;

Lait et denrées pour les marchés, fruits;

Pommes et poires à la pelle;

Bestiaux, bœufs, vaches, veaux et moutons;

Animaux, instruments et produits envoyés aux concours agricoles.

L'énorme augmentation de la production vinicole du midi de la France exigerait également une étude spéciale, étude dans laquelle on constaterait à chaque pas l'influence exercée par la création et le développement des chemins de fer.

VII. — Résumé général et conclusions.

En résumé, les avantages que la construction et l'exploitation des chemins de fer ont assurés à notre pays, en ce qui concerne les céréales, sont considérables, et leur influence s'est fait sentir à tous les points de vue :

Augmentation dans la production ;

Égalisation des prix dans tout l'empire :

Arrivée immédiate, et par toutes les frontières, des grains étrangers, en cas de déficit dans la récolte ;

Facilité d'exportation, en cas d'excédant dans la production.

Nous passerons rapidement en revue chacun de ces points de vue.

Augmentation dans la production.

Le tableau imprimé en tête du troisième volume de l'enquête faite par le conseil d'État sur la révision de la législation des céréales donne pour trente-sept années la surface d'hectares ensemencés en froment et la production annuelle ; il suffit d'y jeter un coup d'œil pour constater l'énorme augmentation de la production et la rapidité de cette augmentation à partir de 1850, c'est-à-dire à partir du moment où l'influence des chemins de fer peut se faire sentir.

Pendant vingt ans, de 1820 à 1840, la production annuelle de la France n'atteint que deux fois 80 millions d'hectolitres : en 1832 et en 1840.

Pendant dix ans, de 1840 à 1850, les chemins de fer commencent à paraître, la production atteint 82, 87, 88 et 97 millions d'hectolitres.

À partir de 1850 jusqu'à 1864, le réseau des chemins de fer s'accroît chaque année et, dans les sept dernières années de cette période de quatorze années, la production atteint 109, deux fois 110, et enfin 116 millions d'hectolitres.

Tout concourt, en effet, à augmenter cette production des céréales ; les engrais sont transportés par les chemins de fer à des distances chaque jour plus grandes ; il en est de même des amendements ; des superficies considérables du territoire changent leur mode d'exploitation du sol ; le froment remplace le seigle et couvre même, comme en Champagne, des champs abandonnés, il y a peu d'années, au parcours des moutons.

Une autre révolution s'introduit dans les relations des pays de plaines et des pays de montagnes. Tant que les moyens de communication faisaient défaut, la plaine ne développait pas sa production de céréales, et les habitants des vallées élevées cherchaient à se procurer, par la culture de maigres champs de seigle, une partie des céréales nécessaires à leur consommation. Les chemins de fer changent cette situation d'une manière radicale : assurés d'un débouché, les cultivateurs de la plaine augmentent leur production; assurés de l'approvisionnement de leurs marchés, les habitants des vallées élevées renoncent à ces cultures stériles et se livrent à des travaux industriels, en rendant aux troupeaux un sol qui ne peut recevoir un plus fructueux emploi.

L'enquête de 1859 contient à cet égard des renseignements du plus haut intérêt. La première étape, si on peut s'exprimer ainsi, que les populations font vers l'aisance, c'est l'abandon d'un grain inférieur pour prendre un grain supérieur; le sarrasin, le blé noir, le maïs, l'avoine, le seigle, les pommes de terre sont remplacés par le froment; mais, pour que cette substitution soit possible, il faut que le froment soit apporté dans les contrées où sa culture est impossible, soit par les conditions climatériques de température ou d'altitude, soit par le défaut d'engrais et d'amendements. Les chemins de fer changent chaque jour cette situation; ils apportent ou les grains ou l'engrais : dans les vallées industrielles, les grains ; dans les plateaux, l'engrais et les amendements. La Sologne, la Champagne pouilleuse éprouvent une transformation profonde. Dans la Sologne, tous les habitants, il y a peu d'années, ne vivaient que de sarrasin, de blé noir, de laitage; ils ne mangeaient jamais de viande et ne buvaient jamais de vin; en moisson, dit l'enquête, on ne buvait que de l'eau corrompue dans les fossés; une amélioration radicale s'est produite dans tous les points sur lesquels le chemin de fer d'Orléans a pu faire parvenir les marnes, et le froment a remplacé le seigle. La culture, en Sologne, si arriérée il y a quelques années, a déjà absorbé

226,000 tonnes de marnes ; aujourd'hui elle fait venir des environs de Rethel et de Charleville des phosphates de chaux.

La Champagne reçoit tous les engrais liquides que Paris peut lui expédier, et, dans toutes les gares qui possèdent des citernes, la demande est supérieure à l'offre.

Égalisation des prix dans tout l'empire.

L'inégalité constante du prix des céréales dans les diverses parties de la France était, il y a quelques années, un fait économique incontestable : la moitié méridionale de la France avait presque toujours un déficit dont le maximum se faisait sentir en Provence ; la moitié septentrionale avait un excédant régulier dont le maximum se produisait généralement vers les côtes de l'Océan et de la Manche ; des causes accidentelles produisaient également de grandes variations d'une année à l'autre. Toutes ces différences tendent à s'annuler chaque jour ; une différence d'un franc par hectolitre représente 12 à 13 francs par tonne : or, pour ce prix, les chemins de fer permettent un transport de 200 à 300 kilomètres : aussi les moindres fluctuations sur un marché sont suivies de transports importants. Tous les chemins de fer ont pu constater le fait suivant : pendant des semaines, les transports de céréales sont insignifiants ; le prix dans tous les marchés est invariable ; une hausse se produit sur un point, à l'instant les blés affluent sur ce marché et la hausse s'arrête.

Cette égalisation des prix est-elle un bien ou un mal?

Nous n'hésitons pas à dire que c'est un bien. Sans aucun doute, dans quelques contrées privilégiées qui avaient toujours le blé en abondance, on peut regretter de voir le prix du blé s'élever ; mais à côté de ces contrées privilégiées, il y avait toujours des contrées déshéritées dans lesquelles le pain était toujours cher et par suite insuffisant. Le pain n'est à coup sûr pas un objet de luxe. La consommation des céréales a augmenté de moitié depuis quarante années, elle s'est élevée de 60 à 90 millions d'hectolitres; un tel chiffre prouve que déjà bien des misères ont été soulagées.

Les abaissements de tarifs consentis spontanément par toutes les Compagnies, la taxe légale de 0 fr. 14 c. par tonne et par kilomètre remplacée par des taxes de 8, 7, 6, 5, 4 et même 3 centimes, ont très-certainement contribué à l'énorme augmentation de la consommation. à la régularisation des prix dans tout l'empire, et nous rappelons que, sur une consommation de 90 millions d'hectolitres, les Compagnies de chemins de fer transportent, chaque année, environ 30 millions d'hectolitres.

Arrivée immédiate, et par toutes les frontières, des grains étrangers. en cas de disette.

Quand, par suite de circonstances diverses, la France était obligée de demander à l'étranger le complément des céréales nécessaires à sa consommation, elle ne pouvait en recevoir que par ses frontières de mer : à Marseille, pour les blés de la mer Noire; dans les ports de l'Océan et de la Manche, pour les blés et les farines d'Amérique.

L'abondance se produisait dans ce petit nombre de points du territoire; mais le problème de la répartition de cet approvisionnement dans l'intérieur de la France était loin d'être résolu. On a trop vite oublié l'exagération des prix demandés par la navigation pour conduire les blés à l'intérieur et les bénéfices énormes réalisés dans des circonstances fort tristes pour le pays.

Les chemins de fer ont changé cette situation sous deux points de vue très-importants :

D'une part, la répartition dans le pays des blés accumulés dans les ports ne dépend plus du bon vouloir de la batellerie; les transports s'exécutent par les chemins de fer à des prix déterminés et toujours très-bas, puisque le cahier des charges accepté par toutes les Compagnies donne au gouvernement le droit de réduire le prix des tarifs, dans le cas où le prix des céréales s'élève au-dessus d'un cours déterminé; les chemins de fer rayonnent autour des ports dans un nombre de directions très-supérieur à celui des voies navigables, et les blés atteignent une quantité considérable de marchés dans chacun desquels ils arrêtent la hausse.

D'autre part, l'achèvement du réseau français, et notamment celui des réseaux du Nord et de l'Est, a mis, de Dunkerque à Bâle, la France en communication directe avec toute l'Europe; les blés amenés par les ports étrangers d'Anvers et de Rotterdam ont pu se présenter aux frontières du Nord; les blés récoltés dans les grandes et fertiles plaines de l'Europe centrale sont arrivés aux frontières de l'Est. En 1861 et 1862, les gares de Forbach, de Strasbourg, de Wissembourg, de Bâle même, ont été encombrées de blés que l'Autriche et la basse Hongrie dirigeaient de tous côtés sur la France, et, ainsi que nous l'avons dit, avant la fin de 1861, les craintes que l'insuffisance de la récolte avait pu faire concevoir étaient complétement conjurées. Grâce aux chemins de fer, la France voit donc, en cas de disette, s'étendre pour ainsi dire indéfiniment le nombre des marchés dans lesquels elle peut puiser. Si partout tombent les barrières qui gênent, d'État à État, le transport des céréales, la production de l'Europe entière se répartira avec une extrême rapidité, et les disettes seront pour nos descendants un fléau inconnu.

Facilité d'exportation en cas d'excédant dans la production.

Si les chemins de fer permettent, en cas de déficit momentané dans une récolte annuelle, la prompte arrivée des blés étrangers sur le marché français, ils offrent au commerce, dans les années d'abondance, un moyen facile d'écouler sur les marchés étrangers l'excédant de notre production.

L'Angleterre, la Belgique, la Hollande, la Suisse, placées à nos portes, ne trouvent point dans leur sol la quantité de céréales nécessaire à leur consommation. En Angleterre seulement, le déficit représente le tiers de l'approvisionnement nécessaire ; ce complément est demandé par l'Angleterre à toutes les nations du globe. La France est admirablement placée pour prendre une part importante de ce trafic ; le prix des céréales est toujours moins élevé sur notre sol que sur les marchés anglais, et le bas prix des transports par chemins de fer permet à une grande partie de notre territoire de diriger des blés sur tous les ports de la Manche et de la mer du Nord.

Les documents publiés par l'administration des douanes ont montré l'importance du courant qui s'est établi, en 1864, des marchés français vers l'étranger.

Les exportations de grains et farines se sont élevées à 2.133.600 hectolitres.

Les importations, dont le chiffre n'a atteint que 800,000 hectolitres, ne sauraient être considérées comme contre-balançant, même partiellement, le chiffre des exportations, la presque totalité des grains importés venant de l'Algérie, et ayant par conséquent une origine française.

En supposant un prix moyen de 15 francs l'hectolitre, l'étranger a payé à la France, en 1864, plus de 30 millions de francs, et ce débouché a une grande importance pour l'agriculture.

On n'a pas, selon nous, assez insisté sur ce fait que le plus sûr moyen d'obtenir une production suffisante dans les années mauvaises était de développer le plus possible le commerce d'exportation et de le rendre régulier. En s'efforçant, chaque année, de produire la quantité de grains à vendre à l'étranger en sus de la quantité nécessaire à la consommation, le pays élèvera d'une manière régulière sa production, et s'assurera un minimum supérieur à ses besoins : ce qui variera désormais, ce sera la quantité exportée, tandis qu'il y a peu d'années, ce qui variait c'était la quantité indispensable à la consommation : en un mot, comme on l'a dit dans l'enquête de 1859, *pour avoir assez dans les mauvaises années, il faut avoir trop dans les bonnes et même trop dans les ordinaires.* Ajoutons que cette solution n'est possible que par l'exportation régulière et rapide, et que la régularité et la rapidité ne sont possibles que par les chemins de fer.

La télégraphie électrique joue aujourd'hui un grand rôle dans les opérations commerciales; les négociants en grains sont pour ainsi dire avertis, à chaque heure, des variations qui se produisent dans les divers marchés de l'Europe; avec les prix certains assurés par les chemins de fer, ils peuvent effectuer des achats et des ventes sur les points les plus éloignés, et les marchés exercent les uns sur les autres une influence telle que, dans l'enquête de 1859, un ancien ministre de l'agriculture déclarait que, dans une petite localité autrefois bien peu importante, les marchands de grains étaient si actifs et si intelligents que, pour réaliser un bénéfice de 0 fr. 25 c., ils feraient faire à un sac de blé le tour de la France.

En résumé, les chemins de fer ont rendu et rendent, chaque jour, à l'agriculture des services signalés qui profitent à la production, aux transports et à la consommation. Le progrès réside principalement dans le bas prix des tarifs appliqués par les Compagnies, tarifs qui ne représentent pas la moitié, le tiers, ni même quelquefois le quart des tarifs légaux, dont les cahiers des charges autoriseraient la perception. Les Compagnies n'ont attendu aucune excitation, aucune pression pour accorder ces réductions au public; elles ont compris que leur intérêt s'accorde avec l'intérêt de l'agriculture et du commerce pour conseiller toutes les mesures qui tendent à développer le trafic. Cette solidarité de tous les intérêts est la meilleure garantie du progrès vers lequel tendent sans cesse des administrations éclairées.

ANNEXE N° 3

TRANSPORT DES BESTIAUX PAR CHEMIN DE FER.

PAR M. JACQMIN,

Ingénieur des ponts et chaussées, directeur de l'exploitation des chemins
de fer de l'Est.

I. — *Importance de la question.*

Le transport des bestiaux a pris sur tous les chemins de
fer un développement qui n'avait pas été prévu dès l'origine,
et les questions qui se rattachent à ce mode de transport
doivent être considérées comme ayant une importance considérable pour la solution du problème *de la viande à bon
marché.*

En étendant chaque jour davantage le rayon d'approvisionnement des villes et des grands centres, les chemins de
fer combattent la tendance au renchérissement produit par
le développement de la consommation de la viande; non-
seulement ils amènent directement sur les marchés des
animaux qui peuvent être livrés immédiatement à la consommation, mais, par la facilité de déplacement qu'ils procurent, ils permettent aux propriétaires de bestiaux maigres

de conduire leurs animaux dans des régions où l'engraissement peut s'obtenir à bon marché et de transformer ainsi en animaux propres à l'alimentation des bêtes presque sans valeur autrefois. Nous donnerons, dans la présente note, des exemples de ces transports d'animaux maigres dont l'importance s'accroît chaque année.

Les chemins de fer ont également permis l'importation du bétail étranger sur une échelle considérable, importation qui n'a eu aucune des conséquences fâcheuses annoncées par les partisans du système protecteur, et qui fournit à la consommation du pays une part importante.

Enfin les chemins de fer ont donné naissance à un transport pour ainsi dire inconnu avant eux, celui des viandes abattues: chaque jour, le chemin de fer de l'Est amène à Paris plusieurs centaines de kilogrammes de viandes de choix (filet de bœuf) recueillies par les courtiers dans les villes de la Suisse allemande, et ce commerce s'étendra certainement à d'autres pays producteurs.

Les chemins de fer ont donc déjà rendu à notre pays de bien grands services dans la question de la viande à bon marché, et ils en rendront de bien plus grands encore lorsque l'on aura pris l'habitude de se servir directement des facilités qu'ils procurent. sans passer par des intermédiaires, qui souvent bénéficient de différences considérables perdues pour le producteur ou le consommateur. Cette hésitation à faire soi-même ses affaires explique des anomalies qui se présentent fréquemment dans des localités très-rapprochées, et, sans elle, on n'expliquerait pas comment la différence entre le prix d'une même denrée sur deux marchés est souvent très-supérieure à la valeur du transport à payer pour aller d'un marché sur l'autre.

II. — *Prix fixé par le cahier des charges pour le transport des bestiaux, et transports par tarifs généraux.*

Les prix fixés par l'article 42 du cahier des charges commun à toutes les grandes Compagnies sont les suivants :

Petite vitesse, par tête et par kilomètre :

Fr. C.

Bœufs, vaches, taureaux, chevaux, mulets et bêtes de trait. 0,10
Veaux et porcs. 0,04
Moutons, brebis, agneaux et chèvres. 0,02

Pour la grande vitesse, c'est-à-dire lorsque les animaux sont, sur la demande des expéditeurs, transportés par les trains de voyageurs ou à la vitesse de ces trains, les prix ci-dessus sont doublés ; ils sont, en outre, augmentés de l'impôt du dixième et s'élèvent, en définitive, par tête et par kilomètre, à :

Fr. C.

Bœufs, vaches, taureaux, chevaux, mulets, etc. . . 0,2240
Veaux et porcs. 0,0896
Moutons, brebis, agneaux et chèvres. 0,0448

Les frais accessoires d'enregistrement, de chargement et de déchargement fixés, chaque année, par M. le Ministre des Travaux publics, sur la proposition des Compagnies, sont les suivants pour la grande comme pour la petite vitesse :

Fr. C.

Enregistrement, par expédition. 0,10
Bœufs, vaches, taureaux, chevaux, etc., par tête. . 1,00
Veaux et porcs, par tête. 0,40
Moutons, brebis, etc. 0,20

Tarifs généraux grande et petite vitesse. — Toutes les Compagnies appliquent les bases qui viennent d'être indiquées pour les transports effectués par tarifs généraux, c'est-à-dire par tarifs applicables à tout le réseau dont elles sont concessionnaires, sans condition exceptionnelle de vitesse ou de limitation du nombre des animaux ; on conçoit, en effet, que, chargées de transporter un animal isolé, bœuf, veau, porc ou mouton, les Compagnies prennent, pour effectuer un transport de cette nature, le maximum des taxes qu'elles sont autorisées à percevoir ; il n'en est plus de même, lorsque les animaux sont présentés en bandes pouvant occuper plusieurs wagons, ou lorsque les expéditeurs consentent à exonérer la Compagnie d'une partie de la responsabilité qui incombe d'une manière générale au transporteur; ces considérations ont donné naissance aux tarifs spéciaux qui existent sur toutes les lignes et dont nous analyserons les principaux, en considérant successivement la grande et la petite vitesse et, pour chacune de ces vitesses, la nature des animaux transportés.

III. — *Transport des animaux par tarifs spéciaux de grande vitesse.*

1° *Chevaux.* — Nous avons dit que le tarif général pour le transport d'un cheval était :

Fr. C.

Par kilomètre, en grande vitesse, impôt compris. . 0,224
—   en petite vitesse. 0,10

Les Compagnies de Paris à Lyon et à la Méditerranée, de Paris à Orléans, du Midi et de l'Ouest, n'ont pas pensé qu'il y eût lieu, sur leur réseau, de modifier les taxes générales, et, sauf pour les chevaux de course dont nous parlerons à part, elles n'ont formulé aucun tarif spécial pour le transport des chevaux en grande vitesse.

Les Compagnies du Nord et de l'Est ont, au contraire, accordé des réductions pour ces transports, savoir:

1° Sur le chemin de fer du Nord :

Pour un wagon de 6 chevaux ou mulets appartenant au même propriétaire, par kilomètre. . . . . Fr. 1 10

Pour un wagon de 3 chevaux appartenant au même propriétaire, par kilomètre. . . . . » 55

Prix exceptionnels :

De chacune des gares de Boulogne, Calais, Dunkerque, Valenciennes et Erquelines, à Paris, et réciproquement :

	Fr. C.
Pour 1 cheval.	50,00
Pour 3 chevaux.	125,00

2º Sur le chemin de fer de l'Est :

Pour un wagon-écurie de 3 chevaux ou mulets, par kilomètre. . . . . Fr. » 55

Pour une expédition de 4 à 6 chevaux, par kilomètre et par écurie. . . . . » 44

Pour une expédition de 9 chevaux et plus, par kilomètre et par écurie. . . . . » 33

C'est-à-dire que, si on emploie 3 écuries, le prix demandé par la Compagnie de l'Est pour les transports à grande vitesse est, à l'impôt près, celui fixé par le cahier des charges pour la petite vitesse.

Les Compagnies du Nord et de l'Est accordent, en outre, des facilités pour le transport des palefreniers qui accompagnent les chevaux.

Sur le Nord, un permis à l'aller est accordé à tout palefrenier accompagnant au moins 6 chevaux.

Sur l'Est, le permis à l'aller est accordé à tout palefrenier accompagnant au moins 2 chevaux; à l'aller et au retour, pour tout palefrenier accompagnant 3 chevaux.

Ces faveurs peuvent paraître considérables; la Compagnie de l'Est ne s'est décidée à les concéder que parce que les accidents sont très-rares dans les écuries qui contiennent un palefrenier, dont la parole et les soins empêchent les chevaux de prendre peur et de s'agiter dans les boxes; dans les écuries où les animaux sont isolés, les accidents atteignent quelquefois une extrême gravité.

2º *Chevaux de course.* — La question de la valeur des chevaux remis aux compagnies de chemins de fer a surtout été débattue au sujet du transport des chevaux de course; une transaction est intervenue à cet égard entre les Compagnies et la Société d'encouragement pour l'amélioration de la race chevaline en France (*Jockey-Club*). Aux termes de cette transaction, formulée dans le recueil des tarifs de presque toutes les compagnies, les chevaux désignés par le secréfaire de la Société d'encouragement sont transportés à moitié prix, mais l'absence de toute responsabilité de la part des Compagnies est formellement stipulée; il est, en outre, accordé une réduction de 50 0/0, tant à l'aller qu'au retour, aux conducteurs des chevaux de course à raison d'un conducteur par cheval.

3° *Étalons des haras impériaux.* — La réduction de 50 0/0 sur les prix de transport a été également consentie par les Compagnies pour les étalons expédiés par l'administration des haras impériaux, ainsi que pour les conducteurs qui les accompagnent, mais sous réserve de l'absence de toute responsabilité.

Appliqués depuis deux ans environ, ces tarifs réduits atteignent le but en vue duquel ils ont été créés, et ils n'ont à notre connaissance, donné lieu à aucun incident digne d'être noté.

4° *Bestiaux de toute nature.* — Ainsi que nous l'avons dit pour les chevaux, les Compagnies de Paris à Lyon et à la Méditerranée, de Paris à Orléans, du Midi et de l'Ouest, n'ont pas jugé nécessaire de faire des tarifs spéciaux de grande vitesse pour le transport des bœufs et vaches, veaux, porcs et moutons.

Les Compagnies de l'Est et du Nord ont maintenu un tarif pour cette nature de transports; ce tarif est fixé sur les deux réseaux à 1 fr. 10 c. par wagon complet et par kilomètre.

Les expéditeurs ont le droit de charger dans un wagon le nombre de têtes que bon leur semble au delà du nombre ci-après fixé, mais la compagnie est affranchie de toute responsabilité pour les risques et périls qui pourraient résulter en cours de transport de cet excès de chargement :

5 bœufs, vaches ou taureaux;
14 veaux ou porcs;
25 moutons, brebis, agneaux ou chèvres.

Ces tarifs spéciaux de grande vitesse sont peu appliqués.

IV. — *Transport des animaux par tarifs spéciaux de petite vitesse.*

Les Compagnies n'ont pas suivi des règles uniformes pour l'établissement des tarifs spéciaux de petite vitesse relatifs au transport des chevaux et des autres animaux, et il ne pouvait en être autrement. Chaque Compagnie, en effet, avait à donner satisfaction à des intérêts très-divers, et se trouvait en présence d'habitudes locales très-différentes; chacune d'elles a donc été conduite à offrir au commerce des tarifs basés, tantôt sur le nombre des animaux, tantôt sur la capacité du wagon; elles ont eu, en même temps, à examiner attentivement la configuration du réseau dont elles étaient concessionnaires, et à tenir compte de ce que, les animaux étant des colis qui se déplacent, les expéditeurs pouvaient, par un léger parcours à pied, éviter un détour souvent considérable en chemin de fer: de là des tarifs établis par section de ligne ou par zones, un certain nombre de gares demandant le même prix total pour une même destination; de là également des prix fermes par tête ou par wagon pour un parcours déterminé.

Le nombre, la nature et l'importance des marchés aux bestiaux existant sur chaque réseau, ont encore motivé un nombre considérable de prix et de conditions que stipulent les livrets des tarifs spéciaux de chaque Compagnie. Entreprendre une comparaison détaillée de tous ces prix serait entreprendre un travail aussi compliqué que nul dans les conclusions à en tirer; nous nous contenterons d'indiquer les dispositions principales adoptées par chaque Compagnie.

1º *Chevaux.* — Les Compagnies de l'Est, du Nord et du Midi ont adopté le système de la taxation par wagon complet; les deux premières demandent, par wagon et par kimètre . . . . Fr. 0 50

Le Midi, pour les parcours inférieurs à 100 kilom. Fr. 0 60
— pour les parcours au-delà. . . . . Fr. 0 50

La Compagnie du Nord, pour favoriser les expéditions au départ de Paris et des gares situées entre Paris, Beauvais et Creil, accorde, pour les parcours supérieurs à 100 kilomètres, une taxe, par wagon et par kilomètre de Fr.   0 35

La Compagnie de l'Ouest a préféré la taxe par tête à la taxe par wagon, et sur son réseau les chevaux paient :

Quand ils empruntent un parcours d'un certain nombre de lignes désignées, par tête et par kilomètre. . Fr. 0 08

Quand ils passent d'une de ces lignes à une autre   0 06

Enfin l'importance du commerce de chevaux sur le réseau de l'Ouest a conduit la Compagnie à fixer un certain nombre de prix fermes par cheval. Nous citerons :

			Fr. C.
Chartres à Paris-Vaugirard.	. . . .	. .	6,50
Le Mans	—	. . . .	14,50
Laval	—	. . . .	21,00
Rennes	—	. . . .	25,00
Guingamp	—	. . . .	30,00

Les Compagnies de Paris à Lyon et à la Méditerranée, et de Paris à Orléans, n'ont pas établi de tarifs spéciaux pour le transport des chevaux en petite vitesse.

2° *Bœufs, vaches et taureaux.* — Les Compagnies du Nord, de l'Est et du Midi, ont adopté la taxe par wagon complet et par kilomètre. . . . . Fr. 0 50

Pour les parcours inférieurs à 100 kilomètres, le Midi demande. . . . . fr. 0 60

Pour les parcours en remonte au départ de Paris et des gares situées entre Beauvais et Creil, le Nord, pour les parcours supérieurs à 100 ki—lomètres, demande. . . . . Fr. 0 35

Pour éviter les parcours à pied, la Compagnie de l'Est a établi des zones dans lesquelles une grande partie de la longueur des embranchements n'est pas comptée; nous citerons :

Commercy. . .
Toul. . . . . .
Nancy. . . . .
Pont-à-Mousson. } à Paris-la Villette, 135 fr. par wagon complet.

Haguenau. . .
Bischwiller. . .
Wissembourg. . } à Paris-la Villette, 150 fr.   —
Strasbourg. . .
Erstein. . . . .

En supposant 7 bœufs par wagon, ces prix représentent 19 fr. 30 c. et 21 fr. 40 c. par tête pour des parcours d'environ 350 et 500 kilomètres.

Dans le système des wagons complets, les expéditeurs ont le droit de faire entrer dans les wagons autant d'animaux qu'ils croient pouvoir le faire, mais à leurs risques et périls.

La Compagnie de Paris à Lyon et à la Méditerranée a adopté le système de la taxation par tête; elle perçoit sur toutes les sections de son réseau, pour les bœufs, vaches, taureaux, poulains, ânes et mulets, par tête et par kilomètre. . . . . Fr. 0 05

On admet 6 bœufs par wagon, mais les expéditeurs peuvent augmenter ce nombre à leurs risques et périls, sans payer plus cher que pour 6 bœufs.

La Compagnie de Paris à Orléans, dont le trafic en bestiaux est considérable, a adopté la taxe par tête, mais en spécifiant en même temps l'obligation de présenter une bande de 6 bœufs au moins; elle perçoit alors, par tête et par kilomètre :

	Fr. C.
Pour les parcours de moins de 50 kil.	0,09
Pour les parcours supérieurs à 50 kil.	0,07

8 bœufs maigres, 8 vaches bretonnes et 8 petits bœufs bretons sont taxés comme 6 bœufs ordinaires.

La Compagnie d'Orléans a établi, en outre, un grand nombre de prix fermes; nous citerons :

	Fr. C.
Orléans à Paris-Ivry ou Choisy	9,00 par tête.
Blois —	15,00 —
Saumur —	15,50 —
Angers —	16,00 —
Le Mans —	16,00 —
Moulins —	16,00 —
Brives —	30,00 —

Enfin la compagnie de l'Ouest a adopté des prix kilométriques de 0 fr. 05 c., 0 fr. 04 c. et 0 fr. 03 c. par tête, selon le parcours, sur une même ligne ou sur des lignes différentes de son réseau, avec un maximum de perception de 2 francs par animal.

Elle a adopté également des prix fermes pour un grand nombre de destinations, telles que Paris ou Poissy, Versailles, Angers, le Havre et Dieppe; nous citerons :

	kil.	Fr. C.
Lisieux à Poissy	165	6,75
Caen —	213	8,75
Saint-Lô —	288	12,75
Valognes —	317	14,50
Cherbourg —	345	15,00

3° *Veaux et porcs*. — Les Compagnies du Nord, de l'Est et du Midi ont adopté, pour le transport des veaux et porcs, le même système de wagons complets et les mêmes prix que pour les bœufs, vaches et taureaux; la Compagnie de l'Est a adopté également les mêmes taxes exceptionnelles pour certains parcours; nous ne pouvons que renvoyer aux renseignements donnés dans le paragraphe précédent.

La Compagnie de Paris à Lyon et à la Méditerranée perçoit par tête et par kilomètre . . . . Fr. 0 02

Elle admet dans chaque wagon 15 animaux, mais les expéditeurs peuvent augmenter ce nombre, sans payer plus cher que pour 15 animaux.

La Compagnie d'Orléans, comme nous l'avons indiqué pour les bœufs, applique le prix, par tête et par kilomètre, mais seulement pour les bandes supérieures à vingt animaux.

Pour les parcours inférieurs à 75 kilomètres . Fr. 0 03
Avec minimum de perception de 1 20
Pour les parcours supérieurs à 75 kilomètres. 0 02
Avec minimum de taxe de. 2 25

Les porcs maigres destinés à l'engraissement, amenés par bandes de quarante au moins, paient par tête et par kilomètre. 0 01

Enfin des prix fermes sont stipulés pour un certain nombre de destinations, telles que Paris, Choisy, Bordeaux et Périgueux.

La Compagnie de l'Ouest perçoit également des taxes par tête et par kilomètre :

Pour les parcours effectués en partie sur une ligne, en partie sur une autre . . . . Fr. 0 02
Pour les parcours effectués sur des lignes désignées. 0 03

Enfin des prix fermes sont indiqués pour des mouvements exceptionnels.

4° *Moutons et chèvres*. — Nous retrouvons encore le double système de la taxe au wagon et la taxe par tête.

Chemin de fer du Nord :

	Fr. C.
Taxe par wagon à un plancher, et par kilomètre. .	0,35
— à deux planchers.	0,50

Chemin de fer de l'Est :

	Fr. C.
Taxe par wagon à un plancher.	0,30

La Compagnie de l'Est a supprimé, en 1862, l'emploi des wagons à deux planchers ou bergeries; elle a été guidée dans cette suppression par deux motifs principaux : d'une part, les animaux manquent d'air; d'autre part, un grand nombre de gares ne présentaient pas les dispositions convenables pour l'accès facile du second plancher; la spécialisation des wagons présente d'ailleurs, à notre avis, de grands inconvénients : quand une bergerie a servi à porter des moutons, elle reste inutilisée pour d'autres transports, tandis qu'après une expédition de moutons, un wagon ordinaire peut être mis en service pour ainsi dire immédiatement (1).

Chemin de fer du Midi.

Parcours inférieurs à 100 kil. 0,45
Parcours supérieurs à 100 kil. 0,40

Pour l'approvisionnement de Paris, la Compagnie de l'Est a accordé des réductions de prix qui correspondent à la suppression du parcours sur la plupart des embranchements greffés sur les lignes principales.

La Compagnie de Paris à Lyon et à la Méditerranée perçoit, par tête et par kilomètre. . . . . 0 fr. 005

Elle admet dans chaque wagon 40 moutons ; mais les expéditeurs peuvent augmenter ce nombre, sans payer plus cher que pour 40 moutons.

La Compagnie d'Orléans perçoit, par tête et par kilomètre. . . . . 0 fr. 005
pour les bandes de 60 moutons au moins (2).

---

(1) Voici les prix perçus par la Compagnie de l'Est, par wagon contenant 50, 55 et jusqu'à 60 moutons, suivant la taille de ces animaux.

		Fr. C.
Strasbourg à la Villette	501 kil.	140,20
Wendenheim —	492 —	137,75
Sarrebourg —	431 —	120,70
Frouard —	343 —	96,05
Blesmes —	216 —	60,50
Châlons-sur-Marne —	171 —	47,90

Ces tarifs sont kilométriques et non différentiels en raison des distances parcourues. Leur taux est de 0f,28 par wagon et par kilomètre ; mais les parcours sur les embranchements de Wissembourg à Wendenheim, de Forbach à Frouard et de Chaumont à Blesmes, ne sont pas comptés.

(2) En admettant qu'un wagon contienne 60 moutons, le tarif de 0f005 par tête équivaut à celui de 0f,30 par wagon et par kilomètre.

La Compagnie indique également des prix fermes pour un certain nombre de parcours de son réseau (1).

Enfin la Compagnie de l'Ouest stipule les prix ci-après :

Par tête et par kilomètre, pour des parcours effectués sur des lignes désignées . . . . 0 fr. 008

Par tête et par kilomètre, pour des parcours effectués en partie sur une ligne, en partie sur une autre. . 0 fr. 006

Des prix fermes sont également indiqués pour des mouvements exceptionnels.

V. — *Animaux envoyés aux concours agricoles.*

Les concours agricoles ont pris, depuis quelques années, un grand développement en France; toutes les Compagnies ont accordé une réduction de 50 0/0 sur les prix des tarifs généraux de grande et de petite vitesse, pour tous les animaux envoyés aux concours agricoles; ces réductions sont valables à l'aller et au retour; la seule formalité à remplir par les expéditeurs est de présenter à la gare du départ la lettre délivrée par le ministère de l'agriculture, du commerce et des travaux publics, pour l'admission au concours.

VI. — *Durée du parcours pour le transport des bestiaux.*

Les délais fixés par les règlements ministériels, pour le transport des animaux, sont ceux fixés pour le transport des marchandises.

En grande vitesse, les animaux doivent être expédiés par le premier train de voyageurs contenant des voitures de toutes classes, pourvu qu'ils aient été présentés à l'enregistrement trois heures au moins avant l'heure réglementaire du départ du train.

---

(1) Voici deux exemples de ces tarifs :

De Vierzon à Ivry . . 179 kil. 54 fr., soit 0f,30 par wagon et par kil.
De Châteauroux à Ivry 262 — 60 — 0f,23 —

En petite vitesse, les animaux doivent être expédiés dans le jour qui suivra celui de leur remise, et la durée du trajet est réglée à raison de vingt-quatre heures par fraction indivisible de 125 kilomètres. Enfin la livraison au destinataire doit s'effectuer dans le jour qui suit celui de l'arrivée effective en gare.

Appliquées à des distances de 4 à 500 kilomètres, ces règles donnent aux Compagnies six à sept jours pour effectuer le transport des animaux ; mais sur aucun réseau ces règles ne sont en vigueur ; elles ne demeurent dans les tarifs que pour maintenir le droit des Compagnies et répondre aux prétentions formulées, quand des retards involontaires se produisent dans le transport (1).

------

(1) Les délais actuels de transport en petite vitesse seront vraisemblablement modifiés et diminués, au moins sur les lignes principales aboutissant à Paris.

En fait, chaque Compagnie a organisé des trains de bestiaux très-rapides :

1° Compagnie de l'Est,

Quatre trains de bestiaux par semaine. — Strasbourg à Paris. — Durée moyenne du trajet, 21 heures.

2° Compagnie de Paris à Lyon et à la Méditerranée,

Deux trains réguliers par semaine. — Longueur du trajet, 315 kilomètres pour Dijon, et 347 kilomètres pour Saint-Germain-des-Fossés. — Durées du trajet, 16 heures et 21 heures 30 minutes.

3° Compagnie de l'Ouest,

Moyenne par semaine des trains de bestiaux.

POINTS		NOMBRE de	DURÉE moyenne
DE DÉPART.	DE DESTINATION.	TRAINS.	DU TRAJET.
			heures.
Le Mans...............	Batignolles.............	3	
	Versailles.............	3	13
Mézidon-Mesnil.........	Vaugirard.............	2	
Manger et Lisieux.......	Poissy.............	5	8
Rueil.............	Poissy.............	1	2 1/2

VII. — *Importance des transports de bestiaux effectués par les diverses Compagnies et prix moyens.*

La diversité des bases employées par les Compagnies pour le transport des bestiaux rend très-difficiles l'établissement et la comparaison des nombres d'animaux; les Compagnies qui taxent à la tête peuvent seules donner des chiffres exacts; les Compagnies qui taxent au wagon sont obligées de faire des hypothèses sur le nombre des animaux contenus dans ces wagons et qui varient généralement :

    Pour les bœufs et vaches, entre . . .   6 et 9
    Pour les veaux et porcs, entre. . . .   16 et 30
    Pour les moutons, entre . . . . . .   30 et 60

Nous n'avons pu remonter pour toutes les Compagnies à un grand nombre d'années, ni donner pour chacune de ces Compagnies les mêmes renseignements; nous pensons cependant que les chiffres suivants, extraits des comptes rendus officiels, présenteront un certain intérêt.

TABLEAU récapitulatif du nombre d'animaux transportés. en 1865, sur les six grands réseaux français.

CHEMINS DE FER.	BŒUFS, VACHES, TAUREAUX.	VEAUX ET PORCS.	MOUTONS.	TOTAUX PAR RÉSEAU.
Lyon	101,058	262,123	587,918	951,129
Midi	28,040	106,348	199,663	334,024
Ouest	248,743	V. 78,208 P. 179,047	302,299	808,297
Orléans	143,105	V. 33,906 P. 280,954	325,549	783,514
Est	81,642	215,480	457,936	755,058
Nord	60,486	191,544	258,541	513,271
Totaux	662,774	1,350,577	2,151,936	4,145,287

Ces nombres sont considérables et montrent l'importance des transports de bestiaux sur le réseau français. Nous n'avons pas cru devoir faire la comparaison des prix moyens sur chaque réseau, parce qu'il nous manque un élément important et capital, la longueur du parcours effectué. Sans faire cette comparaison, on peut faire observer que ces prix sont faibles sur chaque réseau, et conclure que toutes les Compagnies, loin de percevoir les taxes insérées dans leurs cahiers de charges, ont fait d'énormes abaissements et contribué, dans la plus large proportion, à l'accroissement de cette partie de la fortune publique.

VIII. — *Tentatives faites par la Compagnie de l'Est pour amener en France du bétail de Hongrie.*

Le chemin de fer de Munich à Vienne a été livré à l'exploitation au mois d'août 1860 et a complété une ligne non interrompue de Paris à Baziasch sur le Danube, aux frontières de l'Autriche et des principautés danubiennes.

Cette ligne, de 1,120 kilomètres de longueur totale, traverse, de Pesth à Baziasch, les plaines de la Hongrie, sur lesquelles paissent d'innombrables troupeaux de bœufs, de porcs et de moutons, qui peuvent donner lieu à un commerce d'exportation très-considérable. Ce commerce existe déjà dans la direction de Hambourg, sur un parcours de 1,286 kilomètres de Pesth à Hambourg; la Compagnie de l'Est a pensé qu'il serait possible d'en créer un semblable dans la direction de la France, et elle a fait, pour y parvenir, de nombreux efforts, paralysés au moins en partie jusqu'à ce jour par des causes accidentelles et qui disparaîtront certainement. Ces causes sont :

Les variations rapides du change en Autriche ;

La grande épizootie de 1862, épizootie qui a conduit plusieurs gouvernements allemands à interdire le transport des bestiaux provenant du Danube.

La sécheresse extraordinaire de 1863, qui a causé la mort

d'une grande quantité de bétail en Hongrie et en Autriche.

Si ces faits exceptionnels ne se reproduisent pas, il existe entre le prix des animaux, sur le marché de Pesth et le marché de Paris, un écart qui pourra déterminer des échanges entre ces deux points.

Le prix des bœufs, sur le marché de
Poissy, varie entre . . . . 55 et 65 fr. les 50 kil.
A Pesth, les prix varient entre . . . . 40 et 50 fr. les 50 kil.
Il y a donc habituellement un écart de   15 fr. par 50 kil.

Or la Compagnie de l'Est, de concert avec les chemins allemands, a établi des tarifs au départ de Vienne et de Pesth pour Paris, à raison de 72 francs par tête, de Pesth à Paris (pour des expéditions de seize wagons); en supposant un bœuf de 400 kilogrammes, le prix par tête représente 9 francs par 50 kilogrammes, ce qui laisse un écart de 6 francs par quintal, suffisant peut-être pour rendre possible une opération commerciale (1). Elle a, du reste, déjà été tentée, et plusieurs expéditions par trains complets ont eu lieu de Vienne à Paris. La durée de ces trains est de quatre-vingt-cinq heures, soit trois jours et demi, et rien ne fait supposer une souffrance exceptionnelle infligée aux animaux.

Pour les porcs, le prix des 50 kil. à Poissy, varie
entre. . . . . 68 et 78 fr.
A Pesth, entre . . . . 47 et 52 fr.
L'écart est donc de . . . . 21 à 26 fr.

et il explique l'énorme exportation qui, de la Hongrie, se dirige sur l'Angleterre par Hambourg.

Si l'exportation des bœufs et des porcs de Hongrie pour la France ne se fait pas encore directement, elle pourra se faire indirectement, en ce sens que les bœufs de cette provenance

---

(1 Cela ne paraît pas toutefois devoir constituer une concurrence importante pour les éleveurs français.

commencent à arriver dans le Wurtemberg, dans le pays de Bade, dans la Bavière et dans la Prusse rhénane, où les acheteurs français peuvent se présenter plus facilement qu'en Autriche et en Hongrie.

M. de Knapp, ministre des finances de Wurtemberg, trop tôt enlevé à son pays, avait, dès l'ouverture du chemin de Munich à Vienne, compris tout l'avenir que ce commerce pouvait assurer à son pays, et favorisé toutes les mesures destinées à le créer. Il existe, en effet, dans le Wurtemberg, de très-nombreuses fabriques de sucre de betterave, dont les pulpes conviennent à l'engraissement des bestiaux maigres. Après un séjour de quelques mois dans le Wurtemberg, les bœufs pourront être dirigés sur les marchés français, et l'exportation s'effectuerait en deux étapes.

En ce qui concerne les porcs de la Hongrie et de la Servie, l'exportation a été tentée sous une autre forme, celle des viandes salées. Les résultats obtenus sont encore très-faibles; l'esprit d'entreprise est pour ainsi dire nul dans toutes les contrées traversées par le Danube au-dessous de Pesth, et des affaires un peu importantes ne pourront être organisées qu'à l'aide de capitaux étrangers, et surtout qu'avec l'aide du temps.

Pour les moutons, l'importation, en France, des animaux de la Hongrie et de la Moravie n'est plus à l'état d'étude, et depuis quelque temps ces transports se font avec une grande régularité. La gare de Strasbourg, dans l'intervalle compris entre le 1er avril et le 1er octobre 1864, a reçu 39,504 moutons en provenance de Pesth, de Belgrade et de divers autres points de la Moravie et de la Servie, et destinés uniquement au marché de Poissy.

Ces animaux arrivent à Kehl par chemin de fer; ils font à pied le trajet entre Kehl et Strasbourg, et arrivent dans cette gare par bandes de 1,500 à 1,800 têtes. Certaines expéditions se sont élevées à 3,600 têtes. Ces moutons sont plus petits que les moutons de la Bavière et du Wurtemberg; les wagons ordinaires peuvent en recevoir 60 tondus ou 45 en laine;

le prix moyen du transport de Strasbourg à Paris varie entre
2 fr. 30 c. et 2 fr. 55 par tête (1).

IX. — *Importation des bestiaux en France.*

Le tableau ci-après montre l'importance des importations
et des exportations en France de 1861 à 1864 ; les chemins
de fer doivent être considérés comme l'instrument le plus
actif de ce commerce, et, en ce qui concerne les moutons,
la presque totalité de l'importation s'effectue par les lignes
du chemin de fer de l'Est.

ANNÉES.	BŒUFS, VACHES, TAUREAUX.	VEAUX ET PORCS.	MOUTONS.
IMPORTATIONS.			
1861	116,525	207,432	555,744
1862	118,239	255,428	546,214
1863	126,430	254,760	647,088
1864	126,785	203,020 *	775,579
EXPORTATIONS.			
1861	31,476	53,285	51,364
1862	34,940	48,403	52,351
1863	32,561	40,780	73,558
1864	27,762	80,374	85,860 **

* Dont 80,381 cochons de lait. En 1863, il y en avait eu 124,765, et en 1862, 108.971.
** Dont moitié pour l'Espagne et un quart pour l'Angleterre.

(1) Cela revient, à très-peu près, au prix de 140 francs par wagon complet déjà indiqué.

	Importations.	Exportations.
Viande fraîche de boucherie en 1864.	4,086,030 k.	196,912 k.
— salée (lard compris)	2,653,388 k.	5,147,694 k.
Gibier, volaille, tortues.	803,922 k.	1,330,405 k.
Œufs	3,201,165 k.	22,616,552 k.
	7,744,505 k.	29,291,563 k.

X. — *Quantités de bestiaux amenés par tous les chemins de fer à Paris.*

En discutant dernièrement avec la ville de Paris les conditions du raccordement du chemin de fer de ceinture avec le nouveau marché aux bestiaux, les Compagnies ont réuni les documents relatifs à la quantité de bestiaux amenés par chacune d'elles à Paris et formé le tableau ci-après des arrivages du 1er décembre 1862 au 1er décembre 1863.

CHEMINS DE FER.	NOMBRE DE WAGONS DE			ENSEMBLE.
	Bœufs et vaches.	Veaux et porcs.	Moutons.	
Orléans.....................	18.558	7.734	4.934	31.226
Ouest......................	11.094	7.363	950	19.409
Est.	1.766	1.542	7.750	11.058
Nord......................	2.584	2.047	4.493	9.124
Lyon-Méditerranée..........	4.457	1.490	2.570	8.217
Totaux............	38.459	20.478	20.697	79.034
En supposant, par wagon, les moyennes ci-contre...........	7	20	40	»
On a pour la vente faite sur les marchés de Paris.............	267.443	403.560	827.880	1.497.553

Cette énorme quantité de 1,500,000 têtes n'est pas consommée par la ville de Paris ; un certain nombre de localités viennent s'approvisionner sur les marchés de Poissy et de Sceaux, et les facilités offertes par les chemins de fer augmenteront encore l'importance de ces réexpéditions.

XI. — *Questions diverses.*

1° *Transport des viandes abattues, du gibier*, etc. — Le commerce des viandes abattues ordinaires n'a pas sur le chemin de l'Est une très-grande importance ; il ne dépasse pas en moyenne 5,000 kilogrammes par jour provenant, pour 25 0/0, des stations comprises entre Châlons et Paris ; pour 75 0/0, des stations comprises entre Troyes et Provins. Ces expéditions se composent principalement de veaux ; elles payent 28 centimes par tonne et par kilomètre, soit :

<pre>
                                     Fr.
De Châlons à Paris . . . . 173 k. 50,50 ⎰ les 1,000 kilogr.,
De Troyes à Paris . . . .   167 k. 48,35 ⎬   frais de manuten-
De Provins à Paris. . . .   95 k. 28,20 ⎱   tion compris (1).
</pre>

Le commerce des viandes de luxe se développe, au contraire, d'une manière notable sur le réseau des lignes de l'Est ; les gares de Strasbourg et de Bâle remettent, chaque jour, aux trains rapides 2,000 à 2,500 kilogrammes de filets de bœuf provenant du grand-duché de Bade et de la Suisse allemande ; les prix de transport sont les suivants :

---

(1) Les frais de manutention sont de 1f,60 par 1,000 kilogr. Ils sont perçus, comme le tarif de 0f,28, par fraction indivisible de 10 kilogr. Il n'est fait aucune déduction pour les poids des paniers et linges ; mais les uns et les autres sont retournés, sans frais, au lieu d'expédition. Les transports au tarif de 0f,28, sur les quatre lignes de Lyon, du Nord, d'Orléans et de l'Est, ont lieu en grande vitesse, c'est-à-dire à la vitesse des trains-omnibus de voyageurs. La Compagnie d'Orléans exige un poids minimum de 500 kilog. pour l'application de ce tarif ; les trois autres Compagnies appliquent la taxe à partir de 50 kilog.

                                     Fr.
Bâle à Paris. . . . . . . 524 k. 148,30 ⎱ les 1,000 kilogr.,
Strasbourg à Paris. . . . 502 k. 142,15 ⎰ frais de manuten-
Wissembourg à Paris. . . 548 k. 155,05 ⎰ tion compris.

Enfin le transport du gibier a pris, sur les mêmes lignes, une importance exceptionnelle. Pendant la saison annuelle du transport du gibier, les gares de Strasbourg, de Wissembourg et de Forbach reçoivent des quantités considérables de chevreuils et de lièvres tués soit dans les îles du Rhin, soit dans les plaines boisées de la Hesse et du Palatinat.

Pendant l'hiver 1863-64, les expéditions reçues par ces trois gares se sont élevées à 1,200,000 kilogrammes.

Dans certains jours, elles comprenaient . . . 30,000 kilogr.
6,000 lièvres, pesant ensemble. . . . . . . 20,000 —
  500 chevreuils,   —   . . . . 10,000 —

Nous ne parlons pas des expéditions faites à des particuliers par différentes gares du réseau; nous ne notons que les expéditions destinées au marché de Paris.

Ce commerce doit se développer encore ; on a tenté, l'année dernière, des expéditions de faisans de Bohême sur Paris, et, dès que les chemins allemands se décideront à donner de la vitesse, le succès est assuré.

La Compagnie de l'Est a pris également des mesures particulières pour la livraison rapide de tous ces objets aux halles et marchés; amenés à Paris entre 4 heures et 5 heures 30 minutes du matin, tous les paniers de gibier sont livrés à la halle avant 7 heures du matin.

L'octroi de Paris a bien voulu nous donner le chiffre moyen journalier des arrivages, en 1864, à chacune des grandes gares de Paris; le tableau ci-après montre que le trafic des Compagnies se divise en deux groupes.

		Kil.
Ouest (1) . . . { Gare Saint-Lazare, gr. vitesse.	3,113	
Montparnasse, grande vitesse .	200	11,813
Vaugirard, petite vitesse . .	8,500	
Orléans, grande vitesse		11,500
Est, gr. vitesse. { Viande abattue, ordinaire . .	8,730	
Filets de bœuf.	2,022	10,752
Lyon, grande vitesse		2,511
Nord, grande vitesse		2,028
Moyenne des arrivages par chaque jour de 1864. . . .		38,604

Orléans et l'Ouest amènent principalement des quartiers
de bœuf ou de vache ; le trafic des autres chemins se compose presque exclusivement de veaux.

Les filets de bœuf amenés par le chemin de l'Est pro-
viennent de la Suisse allemande et du grand-duché de Bade :

En 1863 . . . . 602,615 kilog.
En 1864 . . . . 738,030 —

Ces marchandises sont camionnées à domicile chez deux
ou trois négociants, qui en réexpédient une partie sur l'Angleterre. On peut, par conséquent, transporter, de Saint-Gall
et de Zurich à Londres, de la viande convenablement em-
ballée.

Presque toutes les viandes abattues vont au marché à la
criée ; quelques bouchers, mais en très-petit nombre, se font
adresser directement la viande à domicile.

Le développement du transport des viandes abattues est retardé par deux causes distinctes :

1° Les bouchers détaillants de Paris ne trouvent pas auprès

---

(1) La Compagnie de l'Ouest a deux tarifs pour le transport des viandes
abattues :

1° Tarif de la grande vitesse, 0ᶠ,40 par tonne et par kilomètre, plus
1ᶠ,60 de frais accessoires. C'est le tarif légal et habituel de la mes-
sagerie ;

2° Tarif de la petite vitesse, 0ᶠ,16 par tonne et par kilomètre, plus
1 fr. 50 de frais de manutention.

des vendeurs de province le crédit et les facilités de paiement qui leur sont donnés, soit par les caisses spéciales organisées près des marchés de Paris, soit par les gros bouchers dits *chevillards*.

2° La viande abattue en province n'est pas préparée comme le consommateur désire l'avoir à Paris. Entre deux animaux de même qualité dépecés, l'un en province par un boucher inhabile, l'autre à Paris par un boucher habile, le marché à la criée donne un écart de 0 fr. 15 c. à 0 fr. 20 c. par kilogramme.

Les cultivateurs ne peuvent donc tuer les animaux dans les fermes, et ils sont obligés de s'adresser aux bouchers des localités les plus voisines.

Malgré ces difficultés, nous pensons que le transport des viandes abattues ira en croissant ; des relations s'établissent et s'établiront de plus en plus entre les bouchers de Paris et les bouchers de province, et sur le chemin de fer de l'Est le rayon d'expédition va toujours en croissant ; ainsi les bouchers de Saverne, d'Hochfelden, de Strasbourg, commencent à diriger sur Paris des quartiers de bœuf ou de vache, tandis qu'il y a peu d'années ce commerce ne dépassait pas un rayon de 150 à 160 kilomètres.

2° *Facilités offertes par les chemins de fer pour l'engraissement des bestiaux maigres.* — En parlant du transport des bestiaux maigres de la Hongrie sur la France, nous avons dit qu'on avait songé à les arrêter dans le Wurtemberg pour les engraisser avec les pulpes des distilleries agricoles. Le chemin de l'Est présente un exemple de ces transports ; les bœufs de la partie nord de la Franche-Comté se dirigent maintenant sur le nord de la France par Chaumont, Reims et Laon, etc.; après quelques mois d'engraissement, ils contribuent, pour une part digne d'être notée, à l'alimentation des populations du Nord et du Pas-de-Calais.

Commencé en 1861, ce mouvement a donné les résultats suivants :

Années.	Nombre.	Recettes de la Compagnie.
		Fr.
1861	4,410	57,574,75
1862	5,452	75,443,20
1863	5,827	78,512,00

Un mouvement semblable s'effectue de la Bourgogne sur les départements de Seine-et-Marne et Seine-et-Oise, qui, il y a quelques années, n'employaient pas un bœuf à la culture, et en emploient aujourd'hui un assez grand nombre.

ANNEXE N° 4.

TRANSPORT DE LA BIÈRE SUR LE CHEMIN DE FER DE L'EST

PAR M. JACQMIN,

Ingénieur des ponts et chaussées, directeur de l'exploitation des chemins
de fer de l'Est.

Le développement que le transport de la bière a pris sur
le chemin de fer de l'Est depuis quelques années peut être
cité comme un des exemples de l'influence des chemins de
fer sur la production agricole et industrielle. Le chemin de
fer de l'Est dessert, en effet, trois départements dans lesquels la fabrication de la bière existe depuis longtemps : la
Moselle, le Bas-Rhin et le Haut-Rhin ; dans les deux derniers
principalement, la consommation locale de la bière était
considérable, mais les difficultés de transport rendaient son
exportation dans les départements voisins très-difficile, sinon
même impossible. La bière est, en effet, un liquide dont la
fermentation est inachevée, et cette fermentation peut être
singulièrement troublée, lorsque les tonneaux dans lesquels
elle est contenue sont soumis à une trépidation prolongée et
aux alternatives de chaleur et de froid qui se produisent
dans un voyage de plusieurs jours.

La bière a, en outre, peu de valeur, et elle ne saurait
supporter des prix de transport élevés ; aussi, depuis longtemps, la Compagnie des chemins de fer de l'Est l'avait-elle

taxée, dans la 4ᵉ classe de son tarif, à 8, 7, et 6 centimes
par tonne et par kilomètre, suivant les distances, savoir :

Fr. C.
0,08 jusqu'à 200 kilomètres ;
0,07 de 201 jusqu'à 300 kil., avec un minimum de taxe de 16 fr. ;
0,06 au-dessus de 300 kil., avec un minimum de taxe de 21 fr. ;

À ces prix il faut ajouter les frais de chargement, de déchargement et de gare, fixés à 1 fr. 50 c. par tonne.

Ces prix ne soulevaient de la part des brasseurs aucune objection, mais leurs réclamations portaient sur le temps que la Compagnie mettait à effectuer les transports, notamment entre Paris et Strasbourg. Les délais fixés par le cahier des charges étant calculés à raison de 24 heures par fraction indivisible de 125 kilomètres, non compris le jour de remise, le jour de départ et le jour d'arrivée, la Compagnie avait sept jours pour faire le transport entre ces deux villes, et comme elle avait accordé au commerce des réductions de prix sur la taxe inscrite pour la bière au cahier des charges (2ᵉ classe, 0 fr. 14 c.), elle avait le droit, comme compensation à cette réduction de prix, de prendre un délai supplémentaire fixé habituellement de sept à huit jours.

Légalement donc la Compagnie pouvait mettre sept jours, et même douze, pour porter la bière entre Strasbourg et Paris, et si presque jamais elle n'usait de ces délais, elle tenait à les conserver comme un droit, pour répondre aux plaintes qui pouvaient être portées devant les tribunaux à raison de retards survenus dans la livraison.

Une prescription, insérée dans le cahier des charges, article 49, s'opposait à toute accélération régulière dans la vitesse. Aux termes de cet article, la Compagnie était tenue d'expédier, dans *l'ordre de leur inscription* à la gare de départ, les marchandises ayant une même destination. La Compagnie proposa aux brasseurs de Strasbourg de ne point user de cette prescription, ou, ce qui revenait au même, de ne faire leurs expéditions qu'à un jour déterminé par semaine ; la Compagnie, recevant alors une quantité considérable de bière à la fois, pouvait en former un train presque complet, qui, allant à Paris sans arrêts, effectuait le trajet dans une durée de 19 à 20 heures.

Le syndicat des brasseurs de Strasbourg accepta avec empressement ces propositions, et le premier train de bière fut organisé entre Strasbourg et Paris dans les premiers mois de 1860 ; il fut presque immédiatement nécessaire d'en organiser un second par semaine, puis un troisième ; en ce moment il y en a six, c'est-à-dire que tous les jours, sauf le dimanche, le brasserie de Strasbourg a à sa disposition un train régulier, partant le matin à 8 h. 35 m. pour arriver le lendemain à 3 h. 30 m., c'est-à-dire au bout de dix-neuf heures cinquante-cinq minutes.

Par une autre dérogation aux prescriptions du cahier des charges, un quai de la gare de Strasbourg est exceptionnellement ouvert aux brasseurs pendant la nuit ; la bière est amenée vers 3 heures du matin, le chargement s'effectue entre 3 et 8 heures ; à l'arrivée, une vitesse exceptionnelle est également imprimée au déchargement et au camionnage, et, huit à neuf heures après l'arrivée d'un train, il ne reste rien en gare d'un arrivage de 1,800 à 2,000 hectolitres.

En résumé, de la cave de l'expéditeur, à Strasbourg, à la cave du destinataire, à Paris, la bière met moins de trente heures pour le transport par le chemin de fer, et le double camionnage au départ et à l'arrivée.

Les résultats de cet accord complet entre la Compagnie et les brasseurs de Strasbourg ont été extraordinairement satisfaisants, puisque d'un train régulier on est arrivé à six ; les chiffres ci-après indiqueront d'une manière précise le développement des transports effectués sur Paris.

Nous n'avons pas de renseignements antérieurs à 1860 ; les statistiques comprennent dans un seul chiffre les boissons distillées et fermentées, et ne distinguent que les boissons en fûts des boissons en caisses et paniers ; mais nous pensons qu'en 1859 les arrivages de bière à la gare de Paris ne dépassaient pas 70,000 hectolitres, chiffre approximatif donné par l'octroi.

A partir de 1860, nous avons les chiffres précis des arrivages de la gare de Paris.

Bières françaises.

Année 1860.	97,215	hectolitres
— 1861.	128,610	—
— 1862.	132,513	—
— 1863.	139,326	—
— 1864.	157,866	—

En cinq ans, la production de la bière expédiée à Paris a plus que doublé ; elle provient, pour les quatre cinquièmes, de Strasbourg, et, pour le dernier cinquième, des gares de Lutterbach, Saverne, Nancy, Metz, Bar-le-Duc, dont les produits trouvent place dans le train régulier parti de Strasbourg.

Bières étrangères.

Aux chiffres qui précèdent il y a lieu d'ajouter les bières qui sont expédiées par Munich, Francfort et Mayence, et quelques autres points, et dont le tonnage annuel varie entre 15,000 et 18,000 hectolitres. Les chemins de fer allemands n'ont pas fait d'efforts pour donner à ces produits une vitesse exceptionnelle, et leur exportation reste à peu près stationnaire. En 1864, le chiffre total des arrivages de la gare de Paris a été de 15,422 hectolitres

Droits d'octroi et de douane.

Il y a quelque intérêt à mettre en regard, d'un côté les frais de transport, d'un autre côté les droits de douane et d'octroi applicables aux bières.

Rendues à la gare de Paris, les bières paient pour prix de transport :

	Fr. C.
Au départ de Strasbourg	5,05 par hectolitre.
— Mulhouse	4,95 —
— Forbach	4,70 —
— Saverne	4,70 —
— Nancy	3,80 —
— Bar-le-Duc	3,30 —

Pour sortir de la gare de Paris, les mêmes bières ont à payer à l'octroi 4 fr. 56 c. par hectolitre, de sorte que, pour les provenances échelonnées entre Strasbourg et Bar-le-Duc, la taxe de l'octroi représente de 90 à 138 0 0 du prix de transport.

Outre le droit d'octroi, les bières étrangères acquittent aux bureaux de douane un droit fixe de 7 fr. 20 c. par hectolitre, et le rapport de l'ensemble de ces taxes au prix du transport devient extraordinaire.

	Prix de transport par hectolitre.	Douane et octroi.	Proportion du prix de transport.
	Fr. C.	Fr. C.	
Munich à Paris	9,06	11,76	130 pour 100.
Francfort à Paris	6,28	11,76	187 —
Mayence à Paris	5,79	11,76	203 —

Ainsi, par les efforts que nous venons de faire connaître, la Compagnie de l'Est est arrivée à diriger sur Paris des transports qui lui procurent environ 800,000 francs de recettes ; la ville de Paris perçoit immédiatement sur la même marchandise une somme égale !

L'État ne perçoit pas des sommes aussi considérables que la ville de Paris : les recettes qu'il effectue, à l'importation des bières étrangères, ne sauraient cependant être passées sous silence ; le tableau ci-après, publié par la douane, fait connaître la marche ascendante des importations.

Année 1853. . . . . 7,000 hectolitres.
—   1854. 7,724   —
—   1855. 12,338   —
—   1856. 16,410   —
—   1857. 19,330   —
—   1858. 19,638   —
—   1859. 19,495   —
—   1860. 20,416   —
—   1861. 26,693   —
—   1862. 42,991   —
—   1863. 44,472   —
—   1864. 43,141   —

La douane classe par ordre d'importance les pays de provenance :

Allemagne, Pays-Bas, Belgique, Angleterre, Suisse.

Les importations de l'Association allemande représentent 62 0/0 de l'importation totale.

La Compagnie de l'Est peut indiquer l'ensemble des mesures qu'elle a prises pour les transports de la bière comme une des principales causes de l'augmentation constatée dans l'importation de cette denrée.

Transport des tonneaux vides.

Dans les questions relatives au développement d'une industrie, des incidents quelquefois sans valeur apparente acquièrent tout d'une coup une très-grande importance. C'est ainsi que la question du retour des tonneaux vides à Strasbourg fut sur le point, nous ne disons pas de compromettre, mais certainement de retarder le développement de la fabrication ; les brasseurs hésitaient à fabriquer l'immense quantité de tonnelets destinés à suffire au roulement des transports sur Paris, quand ce roulement durait plusieurs jours. La Compagnie a fait tous ses efforts pour diminuer la durée de ce roulement, et aujourd'hui les fûts vides, taxés à 0 fr. 50 c. par hectolitre de contenance pour toute destination, sont ramenés à Strasbourg dans les délais les plus courts. Enfin, pour ne rien omettre, la Compagnie s'est chargée de reprendre les fûts à domicile, ou, en terme de transport, d'en faire le relevage pour 0 fr. 15 c. par fût jusqu'à 1 hectolitre de contenance, 0 fr. 20 c. pour les fûts d'une contenance supérieure à 1 hectolitre.

Indemnités payées au commerce.

Ajoutons, pour terminer ces renseignements relatifs au transport des bières, que la Compagnie n'a eu aucune indemnité à payer au commerce, qui a reconnu que tous les efforts possibles étaient faits pour assurer la conservation de la marchandise, et a pris à sa charge la conséquence des incidents qui se produisent dans un transport annuel de plus de 200,000 hectolitres.

Développement de la culture du houblon et de la fabrication de la bière dans le département du Bas-Rhin.

En 1850, le département du Bas-Rhin ne possédait que 370 hectares de houblonnières, produisant . . . 351,658 kil. valant, à 50 francs les 50 kilogrammes. . . . . 351,658 fr.

En 1864, le département du Bas-Rhin possédait 1,146 hectares de houblonnières, produisant. . 1,089,247 kil. valant, à 200 francs les 50 kilogrammes. . . . 4,356,988 fr.

Le tableau ci-après indique l'accroissement, année par année, de la culture et de ses produits; nous pensons qu'il existe peu d'exemples d'une augmentation de richesse aussi rapide :

RELEVÉ des houblons plantés dans le département du Bas-Rhin de 1850 à 1864.

ANNÉES	PRIX MOYEN sur le marché D'HAGUENAU par 50 kilog.	NOMBRE de perches.	NOMBRE d'hectares.	PRODUCTION en houblon.	VALEUR en argent.
	Fr.			Kilog.	Fr.
1850	50 »	1,110,501	370.467	354.658	354.658 »
1851	200 »	1.114.683	384,561	362.482	1.449,928 »
1852	65 »	1,260,705	420.235	399.223	518.989 90
1853	130 »	1,326,873	442,291	420,476	1,092,457 60
1854	350 »	1,540,137	513,379	487.710	3,413,770 »
1855	100 *	1.563.897	521,299	495,234	990.468 »
1856	90 »	1,478.607	492,869	468,225	842,805 »
1857	90 »	1.609,788	536,596	509.756	917,578 80
1858	150 »	1.522,212	507,404	482,033	1.446,099 »
1859	130 »	1,668,615	556,205	528,394	1.373,824 40
1860	400 »	1,879,029	626,343	595,025	4,760,200 »
1861	120 »	2.359.533	786,511	747,185	1.793,244 »
1862	125 »	2,404,185	801,395	764,325	1.903,342 50
1863	130 »	2,868,459	956,153	908,345	2.361,697 »
1864	200 »	3,439,728	1,146,576	1,089,247	4,356,988 »

Enfin un dernier tableau montre le développement de la production des brasseries dans le département du Bas-Rhin de 1850 à 1864.

La production de 1850 s'élevait à . . . . . 194,757 hectol. valant 26 francs l'hectolitre la bière de mars, et 18 francs la bière jeune.

La production de 1863 s'est élevée à . . . 488,254 hectol. valant 32 francs l'hectolitre la bière de mars, et 22 francs la bière jeune.

Il y a donc eu 293,497 hectolitres d'augmentation dans la production, et ce qui prouve que la production a été encore en arrière du développement de la consommation, c'est l'élévation d'environ 25 0 0 du prix de l'hectolitre.

Année 1850.	194,757	hectolitres.
— 1851.	230,127	—
— 1852.	237,027	—
— 1853.	271,626	—
— 1854.	271,740	—
— 1855.	316,463	—
— 1856.	330,669	—
— 1857.	382,677	—
— 1858.	382,121	—
— 1859.	395,232	—
— 1860.	405,912	—
— 1861.	454,768	—
— 1862.	477,221	—
— 1863.	488,254	—
— 1864.	491,167	—

Sans aucun doute, la fabrication de la bière aurait, sans les chemins de fer, acquis un certain développement, mais évidemment ce développement eût été très-inférieur à celui que nous venons de faire connaître, et dont les chemins de fer ont été le puissant instrument.

DU RELÈVEMENT DU TARIF DES MARCHANDISES (1).

(Extrait du rapport de la Commission d'enquête de 1862.)

Cette question est une des celles sur lesquelles se sont produites, dans l'enquête, les opinions les plus contradictoires.

Les chambres de commerce de Montpellier et de Mulhouse se sont montrées opposées à la modification des conditions dans lesquelles se fait au public la communication de ces mesures : le délai actuellement fixé pour le relèvement serait, suivant elles, à peine suffisant. Elles voudraient que des modifications de cette nature, qui intéressent le commerce à un si haut degré, fussent portées à sa connaissance d'une manière plus efficace, de façon à ne pas échapper à l'attention des intéressés. Suivant l'une d'elles, il faudrait que les

---

(1) Cahier des charges, article 48. « Dans le cas où la Compagnie jugerait convenable, soit pour le parcours total, soit pour les parcours partiels de la voie de fer, d'abaisser, avec ou sans conditions, au-dessous des limites déterminées par le tarif les taxes qu'elle est autorisée à percevoir, les taxes abaissées ne pourront être relevées qu'après un délai de trois mois au moins pour les voyageurs, et de un an pour les marchandises. »

Compagnies fussent astreintes à communiquer les changements projetés aux chambres de commerce dans la circonscription desquelles les tarifs modifiés doivent être appliqués. L'autre a réclamé l'insertion, répétée à deux reprises, des modifications proposées dans les journaux de chaque préfecture et sous-préfecture des départements traversés.

M. *Vulfran-Mollet* est convaincu que les Compagnies, quand elles abaissent leurs tarifs, n'ont point pour mobile l'amélioration des conditions de transport, et qu'elles cherchent plutôt à détruire la concurrence qui leur est faite, soit par la batellerie ou le cabotage, soit par les entreprises de diligences ou de messageries : il a donc demandé que, loin de réduire le délai actuel d'une année pour le relèvement des tarifs, l'administration au contraire le portât à cinq ans.

M. *Amédée Burat* est opposé à toute réduction des délais en vigueur, par ce motif que, déjà aujourd'hui, l'étendue de ces délais ne permet que trop aux Compagnies d'imprimer des oscillations fréquentes aux tarifs. En sa qualité de représentant d'un grand bassin houiller, il signale la perturbation que les modifications de tarifs introduisent dans les rapports des sociétés houillères avec les établissements métallurgiques. La diminution des délais rendrait, suivant lui, plus facile la destruction de toute concurrence aux voies de fer, et c'est là un danger que l'administration doit conjurer. Déjà, dans le midi de la France, la plupart des petites entreprises de transport par eau ont disparu, et si de grands établissements tels que le Creusot, Blanzy et Commentry, n'avaient trouvé, dans l'étendue de leurs ressources, les moyens d'avoir pour leur propre compte un matériel spécial destiné au transport par eau de leurs produits, ils se seraient trouvés entièrement à la discrétion des Compagnies de chemins de fer.

M. *Berthier* s'est associé à cette manière de voir. Le délai d'une année lui parait modéré et se prêter suffisamment à tous les essais que les Compagnies voudraient tenter.

Les Compagnies ont demandé la modification du régime actuel. Suivant elles, il n'y a pas de motifs pour établir des délais de relèvement différents, l'un pour le service des voyageurs, l'autre pour celui des marchandises. Il conviendrait aujourd'hui de fixer d'une manière uniforme ce délai à trois mois, ainsi que le stipulaient, à l'origine en France, les cahiers des charges, et suivant l'usage en vigueur sur certains chemins de fer étrangers riverains du Rhin. Les Compagnies affirment que, si elles sollicitent cette modification, ce n'est pas qu'elles aient pour l'avenir la pensée de se livrer à des jeux de tarifs. Leur objet, disent-elles, n'est pas d'être mieux armées pour la lutte contre les voies concurrentes, mais il leur serait utile d'avoir plus de latitude pour satisfaire les besoins du commerce. Elles font remarquer qu'on a depuis longtemps reconnu l'utilité d'avoir pour certaines marchandises un tarif qui varie avec la saison, et, par exemple un tarif, d'été et un tarif d'hiver; ce qui est impossible avec les prescriptions actuelles.

La commission a pensé que, dans ce cas, la liberté d'action accordée aux Compagnies profiterait au public lui-même. Les restrictions, quelle que soit la pensée qui les a dictées, ne sont que trop sujettes à empêcher le bien tout autant que le mal, et tournent trop souvent au détriment du public qu'on s'était pourtant proposé de favoriser. Si le législateur et l'administration ont établi vis-à-vis des Compagnies un système restrictif, s'ils ont admis à leur égard l'intervention de l'autorité dans des cas où cette intervention serait impossible à motiver à l'égard des simples particuliers, c'est uniquement à cause du monopole dont le gouvernement avait investi ces grandes entreprises. La réglementation, quelquefois même rigoureuse, est le correctif obligé du monopole. Cependant il faut en user, comme de toute chose, avec discernement et mesure, et ne pas l'appliquer également à tous les cas.

Il est certainement possible que, si l'on accorde aux Compagnies plus de facilité pour modifier leurs tarifs, elles s'en servent pour l'accomplissement de desseins peu conformes à l'intérêt public, et, par exemple, pour détruire des entreprises de batellerie. Le fait s'est vu et peut se revoir. Mais aussi il est indubitable que le délai d'un an est un obstacle à des variations qui seraient utiles, et qu'il décourage les Compagnies d'essais qui tourneraient au bien du commerce. Diminuer, même dans une très-forte proportion, le délai d'un an, ce n'est pas dépouiller l'administration de son droit de contrôle. Elle conserve ce droit, et l'exercera quand il lui sera démontré que c'est nécessaire. A ce point de vue, la longueur du délai actuellement prescrit pour le relèvement du tarif peut être envisagée comme une exagération superflue. La commission, convaincue qu'il est à désirer que les Compagnies se livrent librement à des tentatives étendues et variées dans l'abaissement de leurs tarifs, et persuadée qu'il en pourrait sortir des améliorations marquées dans l'exploitation des chemins de fer, a admis que cette considération devait primer toutes les autres.

Elle n'a pas pensé qu'il fût possible d'indiquer dès à présent, d'une manière précise, la proportion de la réduction que devraient subir les délais en vigueur ; elle estime pourtant que la réduction pourrait être très-marquée.

Elle a donc émis l'avis :

Qu'il serait utile, en principe, de réduire les délais fixés par les cahiers des charges pour le relèvement des tarifs des marchandises.

DU RÉTABLISSEMENT DES TRAITÉS PARTICULIERS.

Extrait du rapport de la Commission d'enquête de 1862.

La chambre de commerce de Mulhouse accueillerait favorablement le rétablissement des traités particuliers. En Angleterre et en Allemagne, a-t-elle dit, où ce mode d'exploitation est très-développé, il paraît goûté par les expéditeurs et profite aux Compagnies. Les avantages accordés aux maisons qui remettent au chemin de fer un fort tonnage de marchandises, profitent, par la voie des intermédiaires à remises, aux détaillants d'abord, au public ensuite.

La chambre de commerce de Montpellier repousse ces traités comme préjudiciables à l'intérêt du plus grand nombre, et comme pouvant constituer, par l'inégalité de traitement entre les expéditeurs, des avantages, qu'elle taxe de déloyaux, en faveur de ce qui serait, suivant elle, une aristocratie nouvelle, celle de gros expéditeurs. À ce propos, elle a signalé une disposition insérée jadis d'ordinaire dans ces traités et que, depuis, les Compagnies s'appliqueraient à introduire dans les tarifs dits spéciaux ; c'est celle qui exonère la Compagnie de toute responsabilité dans les cas d'avaries. La chambre de commerce soutient que cette clause est contraire à la loi, en ce que le Code de commerce (1) ayant entendu rendre le voiturier garant, hors le cas de force majeure, de la perte ou de la détérioration des objets qui lui ont été confiés, les Compagnies, à l'exemple de tous autres entrepreneurs de diligences et de voitures publiques, ne sauraient se soustraire à la garantie qui leur incombe.

(1 Code de commerce, articles 103 et 107.

M. *Vulfran-Mollet* a déposé que la suppression des traités particuliers avait produit une satisfaction générale dans les grands centres manufacturiers ; suivant lui, accorder une réduction de prix à un seul individu, parce qu'il expédiera beaucoup, c'est du même coup ruiner tous ceux que leur position oblige à opérer plus modestement, et qui ont cependant les mêmes droits.

M. *Pagézy* s'est montré l'adversaire déclaré de ces traités, auxquels il assimile dans sa réprobation les tarifs spéciaux. Les traités particuliers, a-t-il dit, dont la majorité des commerçants a très-certainement accueilli la suppression avec reconnaissance, n'avaient d'autre effet que de constituer des privilèges essentiellement dommageables pour les petits industriels et d'anéantir la concurrence à tous les degrés. La batellerie, jadis l'objet de bien des attaques et de bien des plaintes, n'a jamais eu, cependant, au profit d'un petit nombre, des faveurs comparables à celles que les traités particuliers avec les chemins de fer assuraient, et que certains tarifs spéciaux assurent encore aux gros expéditeurs, au détriment de leurs concurrents, moins bons clients pour les Compagnies.

M. *Pagézy* reconnait qu'à certaines époques on a pu voir des entreprises de transport par eau assujettir la marchandise du commerce en général à des prix plus élevés que ceux qu'avaient à supporter certaines personnes ; mais il fait remarquer que ces entreprises étaient montées alors par des négociants, et que ceux-ci, n'effectuant qu'exceptionnellement le transport de la marchandise d'autrui, pouvaient se croire fondés à faire une loi plus dure au public, qui n'avait pas, comme eux, à supporter les chances d'une exploitation hasardeuse.

MM. *Denière* et *Berthier* se sont placés au point de vue opposé. Suivant eux, les facilités, de quelque nature qu'elles soient, qui sont faites par les Compagnies à une catégorie, d'abord restreinte, d'expéditeurs, finissent toujours par se généraliser. C'est donc à tort que le gouvernement empêcherait les compagnies d'entrer dans cette voie. Sans doute, pendant la période de l'expérience, des intérêts respectables peuvent

souffrir; mais ne faut-il pas mieux une souffrance passagère
que l'absence ou l'attente indéfiniment différée d'améliorations qui ne sauraient se réaliser d'un seul coup et sans des
tentatives préalables?

La plupart des Compagnies ont demandé le rétablissement
des traités particuliers. A l'exemple des honorables représentants du tribunal de commerce de la Seine, elles ont dit
que ces traités n'étaient, en réalité, qu'une tarification d'essai
qui permettait, sans compromettre les résultats acquis, de
devancer et de préparer au besoin la création, sur les mêmes
bases, de tarifs spéciaux applicables à tous; que la prohibi-
tion de cette pratique, en rendant impossibles ces sortes d'ex-
périences, avait donc été à l'encontre des intérêts bien
entendus du commerce. Elles ont cité à titre d'exemple,
entre autres, l'industrie des forges, qui, depuis le traité de
commerce, est obligée de soutenir la concurrence des produits étrangers, et qui souffre grandement de la suppression
des traités particuliers, parce qu'on a ainsi fait disparaître
les prix exceptionnellement bas qui avaient été consentis, en
sa faveur, pour la houille, le coke et le minerai. Un des
représentants des compagnies a mentionné un cas particu-
lier, afin de bien montrer à la commission la situation déli-
cate dans laquelle les chemins de fer se trouvent placés
aujourd'hui, situation qui les oblige à donner ou à retenir
tout sans mesure. Sur le chemin de Rhône-et-Loire, a-t-il
dit, le tonnage total des charbons est d'environ 1,250,000
tonnes, dont 65,000 seulement sont consommées par la mé-
tallurgie. En ce moment, où une partie de cette industrie
éprouve des souffrances réelles, la Compagnie de la Méditerranée, si elle avait eu encore le droit de faire des traités
particuliers, n'aurait pas demandé mieux que de contribuer
pour sa part à les alléger, en accordant aux maîtres de forges une diminution de tarif; mais elle a dû s'en abstenir, dès
l'instant que, pour améliorer la condition des consommateurs de ces 65,000 tonnes, il lui aurait fallu, du même
coup, et sans les mêmes raisons, faire profiter du même
abaissement la totalité de ses transports de houille.

La commission ne s'est pas dissimulé les avantages des

traités particuliers, considérés comme des essais destinés à préparer des tarifs réduits, appliquant à tous ce qui aurait été un moment le privilége d'un petit nombre. Sans méconnaître, par conséquent, les améliorations dont ces sortes de conventions étaient pour ainsi dire les préliminaires, elle n'a pas pensé qu'il y eût lieu, quant à présent, de revenir sur les faits accomplis. L'usage des traités particuliers a été retiré aux Compagnies, après une étude spéciale et complète de la question au sein du comité consultatif des chemins de fer, à une époque encore très-peu éloignée. Les faits qui, alors, firent prononcer cette interdiction n'ont pas été dépouillés de leur autorité. La commission ne croit donc pas qu'il y ait lieu de sa part de recommander aujourd'hui le rétablissement des traités particuliers.

Il se peut que plus tard, grâce à la multiplication des rapports internationaux, l'exemple de ce qui se passe chez nos voisins influe sur les esprits; il se peut qu'on cesse d'invoquer, dans une question où il n'est peut-être pas bien à sa place, le principe de l'égalité au nom duquel a été prononcée la condamnation des traités particuliers. Alors l'expérience pourra être reprise, sans que le gouvernement assume une trop grande responsabilité et heurte le sentiment public.

Dès à présent, la commission croit cependant que certains avantages exceptionnels pourraient être faits à cette catégorie d'expéditeurs spéciaux qui présenteraient au chemin de fer des produits chargés sur des véhicules à eux appartenant. Cet usage, si répandu en Angleterre, où il a donné d'excellents résultats, pourrait être introduit chez nous avec succès, et il y a lieu de l'encourager. C'est un sujet qui sera traité plus au long ultérieurement.

La commission a donc été d'avis :

Que, sans rétablir les traités particuliers, il serait bon d'encourager les traités ayant pour objet la fourniture, par les expéditeurs de certains produits, des wagons sur lesquels ces produits seraient chargés, et stipulant un tarif réduit.

IMPRIMERIE CENTRALE DES CHEMINS DE FER. — A. CHAIX ET C*, RUE BERGÈRE, 20, A PARIS.—3069

IMPRIMERIE ET LIBRAIRIE CENTRALES DES CHEMINS DE FER

A. CHAIX et Cie

Rue Bergère, 20, près du boulevard Montmartre. Paris.

ANNUAIRE OFFICIEL

DES CHEMINS DE FER

Pour 1866.

SEIZIÈME VOLUME. AVEC CARTE DES CHEMINS DE FER DE L'EUROPE.

L'*Annuaire*, dont la publication remonte à l'origine même des Chemins de fer, se compose aujourd'hui de 16 volumes. Il présente dans son ensemble l'histoire de ces grandes Entreprises depuis leur création, avec leurs développements, leurs transformations et leurs résultats au point de vue financier et économique. Chaque volume vient successivement compléter les notices de l'année, donner les documents de l'Exercice suivant, faire connaître les Compagnies et les Concessions nouvelles, et indiquer les changements survenus dans le personnel des Administrations.

La seconde partie de cet ouvrage comprend un *Recueil spécial de la Législation et de la Jurisprudence des Chemins de fer*, dans lequel sont reproduits *in extenso* tous les Actes législatifs, Conventions, Cahiers des charges, etc., survenus pendant l'année précédente, ainsi que les jugements et arrêts des Tribunaux et des Cours, et des décrets du Conseil d'Etat rendus au contentieux. Ces décisions sont suivies, lorsqu'il y a lieu, d'observations et de commentaires, par M. PINEL, avocat à la Cour de cassation et au Conseil d'Etat.

L'*Annuaire* forme donc à ce point de vue un *Code complet des Chemins de fer.*

Le prix de chaque volume relié est de 6 francs.

La collection, qui forme aujourd'hui seize volumes, est expédiée *franco* dans les départements à toute personne qui adresse à MM. A. CHAIX ET Cie un mandat de 96 francs sur Paris. — Les volumes séparés sont également expédiés dans les mêmes conditions.